新 視 野
中華經典文庫

新視野中華經典文庫

# 淨土三經

---

□
導讀 / 譯注
淨因法師

□
出版
中華書局（香港）有限公司
香港北角英皇道 499 號北角工業大廈一樓 B
電話：(852) 2137 2338　傳真：(852) 2713 8202
電子郵件：info@chunghwabook.com.hk
網址：http：//www.chunghwabook.com.hk

□
發行
香港聯合書刊物流有限公司
香港新界大埔汀麗路 36 號
中華商務印刷大廈 3 字樓
電話：(852) 2150 2100　傳真：(852) 2407 3062
電子郵件：info@suplogistics.com.hk

□
印刷
深圳中華商務安全印務股份有限公司
深圳市龍崗區平湖鎮萬福工業區

□
版次
2013 年 4 月初版
2019 年 1 月第 2 次印刷


□
規格
大 32 開（205 mm × 143 mm）

□
ISBN：978-988-8236-23-7

# 出版說明

為甚麼要閱讀經典？道理其實很簡單——經典正正是人類智慧的源泉、心靈的故鄉。也正是因此，在社會快速發展、急劇轉型，因而也容易令人躁動不安的年代，人們也就更需要接近經典、閱讀經典、品味經典。

邁入二十一世紀，隨着中國在世界上的地位不斷提高，影響不斷擴大，國際社會也越來越關注中國，並希望更多地了解中國、了解中國文化。另外，受全球化浪潮的衝擊，各國、各地區、各民族之間文化的交流、碰撞、融和，也都會空前地引人注目，這其中，中國文化無疑扮演着十分重要的角色。相應地，對於中國經典的閱讀自然也就有不斷擴大的潛在市場，值得重視及開發。

於是也就有了這套立足港臺、面向海外的「新視野中華經典文庫」的編寫與出版。希望通過本文庫的出版，繼續搭建古代經典與現代生活的橋樑，引領讀者摩挲經典，感受經典的魅力，進而提升自身品位，塑造美好人生。

本文庫收錄中國歷代經典名著近六十種，涵蓋哲學、文學、歷史、醫學、宗教等各個領域。編寫原則大致如下：

（一）精選原則。所選著作一定是相關領域最有影響、最具代表性、最值得閱讀的經典作品，包括中國第一部哲學元典、被尊為「群經之首」的《周易》，儒家代表作《論語》、《孟子》，道家代表作《老子》、《莊子》，最早、最有代表性的兵書《孫子兵法》，最早、最系統完整的醫學典籍《黃帝內經》，大乘佛教和禪宗最重要的經典《金剛經》、《心經》、《壇經》，中國第一部詩歌總集《詩經》，第一部紀傳體通史《史記》，第一部編年體通史《資治通鑒》，中國最古老的地理學著作《山海經》，中國古代最著名的遊記《徐霞客遊記》，等等，每一部都是了解中國思想文化不可不知、不可不讀的經典名著。而對於篇幅較大、內容較多的作品，則會精選其中最值得閱讀的篇章。使每一本都能保持適中的篇幅、適中的定價，讓普羅大眾都能買得起、讀得起。

（二）尤重導讀的功能。導讀包括對每一部經典的總體導讀、對所選篇章的分篇（節）導讀，以及對名段、金句的賞析與點評。導讀除介紹相關作品的作者、主要內容等基本情況外，尤強調取用廣闊的「新視野」，將這些經典放在全球範圍內、結合當下社會生活，深入挖掘其內容與思想的普世價值，及對現代社會、現實生活的深刻啟示與借鑒意義。通過這些富有新意的解讀與賞析，真正拉近古代經典與當代社會和當下生活的距離。

（三）通俗易讀的原則。簡明的注釋，直白的譯文，加上深入淺出的導讀與賞析，希望幫助更多的普通讀者讀懂經典，讀懂古人的思想，並能引發更多的思考，獲取更多的知識及更多的生活啟示。

（四）方便實用的原則。關注當下、貼近現實的導讀與賞析，相信有助於讀者「古為今用」、自我提升；卷尾附錄「名句索引」，更有助讀者檢索、重溫及隨時引用。

（五）立體互動，無限延伸。配合文庫的出版，開設專題網站，增加朗讀功能，將文庫進一步延展為有聲讀物，同時增強讀者、作者、出版者之間不受時空限制的自由隨性的交流互動，在使經典閱讀更具立體感、時代感之餘，亦能通過讀編互動，推動經典閱讀的深化與提升。

這些原則可以說都是從讀者的角度考慮並努力貫徹的，希望這一良苦用心最終亦能夠得到讀者的認可、進而達致經典普及的目的。

「弘揚中華文化」是中華書局的創局宗旨，二〇一二年又正值創局一百週年，「承百年基業，傳中華文明」，本局理當更加有所作為。本文庫的出版，既是對百年華誕的紀念與獻禮，也是在弘揚華夏文明之路上「傳承與開創」的標誌之一。

需要特別提到的是，國學大師饒宗頤先生慨然應允擔任本套文庫的名譽主編，除表明先生對本局出版工作的一貫支持外，更顯示先生對倡導經典閱讀、關心文化傳承的一片至誠。在此，我們要向饒公表示由衷的敬佩及誠摯的感謝。

倡導經典閱讀，普及經典文化，永遠都有做不完的工作。期待本文庫的出版，能夠帶給讀者不一樣的感覺。

中華書局編輯部

二〇一二年六月

# 目錄

## 佛說無量壽經



## 附錄

佛說阿彌陀經

# 《佛說阿彌陀經》導讀

淨因法師

第一次參加家長會，幼稚園的老師如實告知一位學生的母親：「你的兒子表現很差。」為兒子痛心不安的母親卻強裝開心地對兒子說：「老師表揚你了，因為你是全班最有進步的寶寶。」上小學時，老師又對這位母親說：「這次數學考試，你兒子成績全班倒數第二名。我們懷疑他智力上有障礙。」心酸焦慮的母親卻對兒子說：「老師說你並不是個笨孩子，只要努力，一定會進步。」說這話時，她發現，兒子暗淡的眼神一下子亮了。孩子上了初中，老師有些憂慮地說：「按你兒子現在的成績，考重點高中有點危險。」這位母親懷着驚喜的心情走出校門口，非常開心地對兒子說：「班主任對你非常滿意，他說了，只要你努力，很有希望考上重點高中。」

高中畢業了，兒子把一封印有清華大學招生辦公室的特快專遞交到媽媽的手裏，突然轉身跑到自己房間大哭起來，他邊哭邊說：「媽媽，我一直都知道我不是個聰明的孩子，是您……」是的，母親相信兒子，兒子相信母親，是信心創造了奇跡！

信則有，不信則無。信與不信，都是一種意識，而信的意識就像是通靈的鑰匙，能打開成功之門。西方極樂世界又何嘗不是如此，信則往生，不信則一無所獲。《佛說阿彌陀經》就是幫助人們建立信心，打開西方極樂世界的大門。

## 一、《佛說阿彌陀經》的版本與注疏

該經全稱為《稱讚不可思議功德一切諸佛所護念經》，有三種漢譯本（見下表）：玄奘將之簡化為《稱讚淨土佛攝受經》，力求準確直白，確保原來面目；求那跋陀羅將之譯為《佛說小無量壽經》，表明該經內容大致與《佛說無量壽經》相同，只是內容比較簡潔；鳩摩羅什則譯為《佛說阿彌陀經》，以阿彌陀名號為本經之題，直指持名念佛、往生極樂之要旨。在三種漢譯本中，鳩摩羅什譯本精要流暢，流通最廣，為本書所採用。

《佛說阿彌陀經》三種漢譯本

| 譯經年代 | 譯者 | 經名 | 出處與注釋 |
|---|---|---|---|
| 姚秦 | 鳩摩羅什（三四四—四一三） | 《佛說阿彌陀經》 | T12.346b28-348b18 |
| 劉宋 | 求那跋陀羅（三九四—四六八） | 《佛說小無量壽經》 | 已失傳 |
| 唐 | 玄奘（六〇二—六六四） | 《稱讚淨土佛攝受經》 | T12.348b25-351b19 |

近代因牛津大學刊行梵本《佛說阿彌陀經》，日本遂掀起研究之熱潮，如藤波一如著有《和

英支鮮四國語譯梵文阿彌陀經》、荻原雲來著有《梵藏和英合璧淨土三部經》[1]，及木村秀雄著有《小阿彌陀經》。西夏譯本收藏在俄羅斯科學院東方文獻研究所[2]，而藏文版《聖大乘樂有莊嚴經》譯於八世紀。

古往今來，對該經的注疏極多，最著名的中文本注疏有十三種，以明朝蓮池的《阿彌陀經疏鈔》、幽溪的《阿彌陀經略解圓中鈔》和蕅益的《阿彌陀經要解》最為精要。印光大師評論說，「《彌陀》一經，得此三疏，法無不備，機無不收。」

## 二、《佛說阿彌陀經》的基本內容

佛陀在舍衛國祇樹給孤獨園講述《阿彌陀經》，大致包含三方面內容：依正妙果以啟信、執持名號以立行和諸佛讚歎勸發願。

1 荻原雲來：《梵藏和英合璧淨土三部經》（《淨土宗全書》），P.193-212。日本淨土宗典刊行会編纂。

2 孫伯君：《佛說阿彌陀經》的西夏譯本，《西夏研究》，P.23-32。二〇一一年一月。

《維摩詰所說經》云：「先以欲鉤牽，後令入佛道。」（T14.550b7）面對功利心重的眾生，《佛說阿彌陀經》第一部分從「果」入手，向人們描述了極樂淨土依報、正報莊嚴。「依報」指極樂國土理想的生存環境，物質極大豐富，各取所需，四季如春，氣候宜人，風光旖旎，是人人嚮往的世外桃源；「正報」指我們自身相好光明，身心清淨，言語優雅，壽命無量，令人生起信心，心甘情願地往生到那兒。

《佛說阿彌陀經》第二部分說明往生到西方極樂世界的方法並不複雜，持名念佛即可往生，「善男子，善女人，聞說阿彌陀佛，執持名號，若一日、若二日、若三日、若四日、若五日、若六日、若七日，一心不亂，其人臨命終時，阿彌陀佛與諸聖眾現在其前，是人終時，心不顛倒，即得往生阿彌陀佛極樂國土。」

《佛說阿彌陀經》第三部分描述東、南、西、北、下、上六方世界恒河沙數諸佛，「各於其國，出廣長舌相，遍覆三千大千世界」，讚歎阿彌陀佛以不可思議的功德，成就了西方極樂淨土，為苦惱眾生提供了一個理想的修行環境。眾生沐浴在諸佛菩薩的德化中，「皆為一切諸佛之所護念，皆得不退轉於阿耨多羅三藐三菩提。」所有這一切，都是真實不虛的，以此鼓勵眾生斷疑生信，發願往生到西方極樂國，與無數聖賢共同生活、修行，過着無憂無慮、無爭無染、清淨安康的日子。

最後，佛陀一再提醒大眾，念佛往生淨土是世間最難令人相信的修行法門，「當知我於五濁惡世，行此難事，得阿耨多羅三藐三菩提，為一切世間說此難信之法，是為甚難。」因此，如果有人聽聞阿彌陀佛的名號，讀誦《佛說阿彌陀經》，便能生起往生極樂國土的信心，那麼，此人應該有很大的善根、福德、因緣。

## 三、《佛說阿彌陀經》的現代意義與普世價值

淨土是禪修者在定中顯現的境界，甚深難測，所以佛陀才無問自說淨土法門，指出獲得這種境界的方法——信、願、行，被稱為淨土法門的三種資糧。「信、願、行」三字看似簡單，卻包含了一個人成功的秘訣。

### （1）信——生命定向

《佛說阿彌陀經》云：「從是西方過十萬億佛土，有世界名曰極樂。」「十萬億佛土」是地球到西方極樂世界的距離。兩者之間究竟有多遠呢？玄奘所譯《瑜伽師地論》為我們提供了線索，「如是百拘胝四大洲，百拘胝蘇迷盧，百拘胝六欲天，百拘胝梵世間，三千大千世界，俱成俱

壞。卽此世界，有其三種：一、小千界，謂千日月，乃至梵世，總攝為一；二、中千界，謂千小千；三、大千界，謂千中千。合此名為三千大千世界。如是四方上下，無邊無際三千世界，正壞正成；猶如天雨，注如車軸，無間無斷，其水連注，墜諸方分，如是世界，遍諸方分，無邊無際，正壞正成。卽此三千大千世界，名一佛土。如來於中，現成正覺；於無邊世界，施作佛事。」（T30.288a15-25）此段引文說明，佛教中的一個小世界相當於現代科學中的一個太陽系大小，約七十九個天文單位。若以一個天文單位為 1.5 億公里計算，太陽系的直徑約為 120 億公里，也就是佛教中一個小世界的大小。依此推算，則我們離西方極樂世界的距離應是 1,200,000,000,000,000,000,000 億公里。

### 地球離西方極樂世界的距離推算

| 各種世界 | 直徑（億公里） |
|---|---|
| 一個小世界（一個日月所照的時空） | 120 |
| 一千個小世界 | 120,000（1000×120） |
| 一個中千世界（1000 小千世界） | 120,000,000（120,000×1000） |
| 一個大千世界（1000 中千世界）<br>（三千大千世界，名一佛土） | 120,000,000,000（120,000,000×1000） |
| 十萬億佛土（離西方極樂世界的距離） | 1,200,000,000,000,000,000,000<br>（120,000,000,000×10,000,000,000,000） |

從地球到西方極樂淨土的距離來看，若靠自力，不管我們使用何種現代最先進的交通工具，想在今生今世「登陸」西方極樂淨土，都是不可能成功的，更何況是在交通落後的古代?!人臨終的一剎那，真的能往生到極樂世界嗎？西方極樂世界到底為何物？佛教界內部也一直爭論不休。

自宋代起，諸宗逐漸歸於淨土，解釋淨土的觀點由此層出不窮。唯心淨土的觀點逐漸成為主流；同時，也有不少人堅信，西方極樂世界是阿彌陀佛四十八大願成就的報土。這兩種觀點成為了宋朝以來對西方極樂世界爭論的焦點，一直爭論了上千年，至今仍無結論。爭論不休的原因其實並不複雜，現世求往生西方淨土的人，都沒有到那兒「旅遊」的經歷，所以無法證明它的存在。當然，不信淨土的人也沒有足夠的證據徹底否定它的存在。這就步入到「信仰」的空間。

對大多數中國人來說，「信仰」是一個既熟悉又陌生的詞。熟悉的是，社會主流媒體大聲疾呼：信仰缺失，國人迷失，社會問題層出不窮；陌生的是，信仰的內涵與功能，至今仍是仁者見仁，智者見智。《辭海》（第六版彩圖本）對信仰的解釋是，「對某種宗教或主義極度信服和尊重，並以之為行動的準則。」在這一解釋中，對宗教或主義的信服和尊重之前加了一個定語「極度」，便有貶義的成分，含有「盲信」甚至「迷信」的否定色彩。早在公元前六世紀，佛陀在《佛說阿彌陀經》中感慨萬分，認為讓人產生信仰，真的很難：「舍利弗！當知我於五濁惡世，行此

難事，得阿耨多羅三藐三菩提，為一切世間說此難信之法，是為甚難。」（T12.348a24-26）

佛教真的是在「玩」迷信嗎？為了回答這一問題，羅侯羅博士在《佛陀的教誨》一書中同讀者做了一個遊戲：「如果我告訴你，我手掌中藏着一顆寶石，信與不信之類的問題就會產生，因為你無法親眼見到手中是否有寶石；如果我張開手掌，讓你親眼見到這顆寶石，信與不信之類的問題就無從產生。」[3]

同理，離我們十萬億佛土的西方極樂世界，即使用世界上最先進的天文望遠鏡也無法看到，它的奇妙境界非常人可以想像，更不是常人所能了解，唯有「信仰」才能使人們確定自己行動的方向，產生強大的動力，心甘情願地為既定的目標而奮鬥，最終獲得成功。同理，事業的成功，也是由信仰起步。正如《方廣大莊嚴經》說：「佛法大海，唯信能入。」[4]法國大作家雨果也曾說：「甚麼也不信的人不會有幸福。」一個人若沒有信仰，便失去了人生目標，只能盲目地活着，如同漂浮於茫茫大海中的孤舟，找不到駛往人生彼岸的方向；反之，信仰猶如燈塔，為迷茫者指明生命之舟的航向。

---

3　Rahula W.（1990）*What the Buddha Taught*. P.8. London：WisdomBooks.

4　《方廣大莊嚴經》，T3. 615c28-29。

## （2）願——力量的源泉

如果說「信仰」為我們的行動確定方向，那麼，「願力」則是行動的直接推動力。《漢語大字典》：「願，欲也。」佛教的緣起法告訴我們，任何一種欲望的產生，至少需要根、境、識三個條件，三者相觸後，人們便會不自覺地對自己所認識的事物進行判斷，產生三種不同的感受：喜歡、不喜歡或捨受。以吃飯為例，吃美食時，產生喜歡的直觀感覺，五蘊中稱為「受蘊」；飯後，形成了美食的概念，這就是「想蘊」；想起這道菜的美味時，內心生起強烈的衝動，想再吃一次，動手做這道菜的動機便產生了，這就是「行蘊」，與「願力」相通。喜歡的事因而被稱為「願望」或「心願」；打算做自己喜歡的事被稱為「發願」；心甘情願去做自己喜歡的事被稱為「願意」；由此產生的強大精神力量，被稱為「願力」。

「願力」能否變成現實，與發願的動機有緊密的關係。有甚麼樣的願力，就會產生相應的行動，並帶來相應的結果。古往今來，對普通人而言，喜歡做的事離不開財、色、名、食、睡，諸佛、菩薩稱之為「地獄五條根」，動機是為了滿足一己之私欲，即使你努力祈求，諸佛、菩薩又怎會助長你通往地獄的貪欲呢？心願難了，也是可想而知的事。古代聖賢則不同，他們以天下為己任，發願拯救苦難眾生，願力大，動力大，成就自然也很大。佛陀懷着「人生的苦難是可以解脫的」信念，立下「不成正覺，誓不起座」的誓言，終於在菩提樹下悟道成佛，於世間說法四十九年，廣度無數眾生；觀世音菩薩堅信與娑婆眾生有特殊的因緣，倒駕慈航，循聲救苦，觀音信仰因而成為整個亞洲人的精神支柱；地藏王菩薩堅信世上「沒有不可教化之人」，立下「眾生度盡，方證菩提；地獄未空，誓不成佛」的宏願，心甘情願到最苦的地方——地獄去救度眾生；玄奘大師正是因為有「求取真經，利益華夏」的信念，才會有「若不至天竺，終不東歸一步，寧可就西而死，豈歸東而生」的決心，義無反顧地在「上無飛鳥，下無走獸，復無水草」的大沙漠上西行求法；鑒真大師（六八八—七六三）也因「東渡傳播正法」的信念，才會立下「是為法事也，不惜身命！諸人不去，我即去耳！」的誓言，歷經九死一生，東渡扶桑弘揚佛法，被日本人奉為律宗開山祖、醫藥始祖、豆腐業祖師、日本文化恩人。[5]同理，阿彌陀佛發下四十八願度眾生的宏願，成就了清淨莊嚴的西方極樂世界，接引了無數苦難眾生安心修行。

「願力」如同噴泉，噴泉的高度不會超過水源的壓力，同樣，一個人的成就不會超過他的願力。願力有多大，成就便有多大。成佛這等大事也是如此，從發願起步。正如《大智度論》云：「莊嚴佛界事大，獨行功德不能成，故要須願力。譬如牛力，雖能挽車，還須御者，能有所至。」（T25.108b27-29）由此可知，無願則不成能佛，願力是成佛的內在動力。《華嚴經》因而說：「一切諸佛悉具一切願滿，方得成佛。」（T37.150c21-22）

5 〔日〕真人元開著，汪向榮校注：《唐大和上東征傳》，北京：中華書局，1979，P.8。

## （3）行——成功的關鍵

一般人認為進入西方極樂世界的門檻很高，其實並非如此，一個人如果有了信心與心願，只要堅持念「南無阿彌陀佛」六字洪名，念到一心不亂的程度，便可蒙佛接引，帶業往生極樂淨土。也許有人會問：「這也太簡單了吧?!」是的，成功的秘訣本來就這麼簡單——貴在專心、堅持。

大哲學家蘇格拉底的學生向他請教：「怎樣才能修到精深的學問？」蘇格拉底聽後並未直接作答，只是說：「我向大家倡議做一件最簡單也是最容易的事，每個人盡量把胳膊往前甩，然後盡量往後甩。」接着他示範了一次，「從今天起，每天做三百次，大家能做到嗎？」學生們都笑了，這麼簡單的事有甚麼做不到的？過了一個月，蘇格拉底問：「哪些同學堅持了？」有九成的學生驕傲地舉起了手。一年後，蘇格拉底再次問大家：「請同學們告訴我，最簡單的甩手動作，還有哪幾位堅持了？」這時，整個教室只有一個人舉起了手。這個學生就是後來成為古希臘哲學大家的柏拉圖。所以《六祖壇經》云：「此須心行，不在口念。口念心不行，如幻、如化、如露、如電；口念心行，則心口相應。」有了信心與心願而無行動，仍會一事無成；若能做到知行合一，通過堅韌不拔的努力，成功的大門就會開啟。

由此觀之，如果人生是一條船，那麼，堅定的信念是決定人生方向的舵，宏大的願力是驅使船前進的動力，堅韌不拔的意志是行動的力量源泉。信、願、行三种資糧，幫助我們在生命的大海中戰勝激流險灘，直至彼岸。至此，我們不難理解，阿彌陀佛的四十八大願，為甚麼能成就清淨莊嚴的極樂國土，為甚麼發願念佛可以往生西方極樂世界。這是《佛說阿彌陀經》對現代人的重要啟示。

# 一、依正妙果以啟信

本節導讀——

前蘇聯著名教育理論家瓦．阿．蘇霍姆林斯基（一九一八—一九七〇）說過：「推崇真理的能力是點燃信仰的火花。」信仰，是成功的起點，一切善法的根源。《華嚴經》亦云：「信為道源功德母，長養一切諸善法。」佛教把樹立正信看成是修行的起點，下文通過對西方極樂世界依報、正報莊嚴的描述，力勸世人發願往生極樂世界。

如是我聞：一時佛在舍衛國[1]，祇樹給孤獨園[2]，與大比丘僧千二百五十人俱。皆是大阿羅漢，眾所知識：長老舍利弗、摩訶目乾連、摩訶迦葉、摩訶迦栴延[3]、摩訶俱絺羅[4]、離婆多、周利槃陀伽、難陀、阿難陀、羅睺羅[5]、憍梵波提[6]、賓頭盧頗羅墮、迦留陀夷、摩訶劫賓那、薄拘羅、阿㝹樓馱，如是等諸大弟子；并諸菩薩摩訶薩[7]：文殊師利法王子、阿逸多菩薩、乾陀訶提菩薩、常精進菩薩，與如是等諸大菩薩，及釋提桓因等無量諸天、大眾俱。

注釋

1 舍衛國：佛在世時為憍薩羅國（Kosala）的首都，今印度西北部拉普的河南岸，烏德之東，尼泊爾之南。佛陀一生在此居住二十五年，很多大乘經典宣講於此城，本經便是其中一部。2 祇樹給孤獨園：佛在世時，給孤獨長者欲購太子祇樹之園林，供養佛陀。太子戲言：「你若能以鋪滿該園的黃金來買此園，我便答應。」給孤獨長者以黃金鋪滿該園後，太子深受感動，兩人決定一起將園林供養佛陀，佛陀遂以「祇樹給孤獨園」命名。3 栴：粵，煎；普，zhān。4 絺：粵，痴；普，chī。5 睺：粵，喉；普，hóu。6 憍梵：粵，驕飯；普，jiāo fàn。7 摩訶薩（mahāsattva）：摩訶薩綞之簡稱，譯作大心，指有作佛大心之眾生。摩訶，大；薩，眾生。

譯文

我阿難親耳聽到佛陀是這麼說的：有一天，佛陀在舍衛國中的祇樹給孤獨園中說法，在場的有一千兩百五十位常隨弟子。他們既是證得聖果的大阿羅漢，又是大眾早已熟知的良師益友。這些聖者包括：「智慧第一」的舍利弗長老、「神通第一」的大目乾連、「苦行第一」的大迦葉、「論議第一」的摩訶迦栴延、「答問第一」的摩訶俱絺羅、「無倒亂第一」的離婆多、「義持第一」的周利槃陀伽、「儀容第一」的難陀、「多聞第一」的阿難陀、「密行第一」的羅睺羅、「受天供養第一」的憍梵波提、「福田第一」的賓頭盧頗羅墮、「教化第一」的迦留陀夷、「知星宿第一」的摩訶劫賓那、「長壽第一」的薄拘羅、「天眼第一」的阿㝹樓馱等佛陀的大弟子；還有文殊師利、阿逸多、乾陀訶提、常精進等許多大菩薩；另外，還有釋提桓因等無數天人和龍天護法（諸天）以及人間四眾弟子（大眾）。大家都匯聚在一處，聽佛說法。

## 賞析與點評

經文一開頭詳細列舉了參加這次法會的聽眾，除了菩薩、聲聞弟子之外，還有天人、天龍八部、人間的四眾弟子等等，以此暗示淨土法門適合不同根機的眾生。用佛家專業術語說，就是「淨土法門，三根普及」。

**爾時，佛告長老舍利弗：從是西方過十萬億佛土[1]，有世界名曰極樂，其土有**

**佛，號阿彌陀，今現在說法。**

**舍利弗！彼土何故名為極樂？其國眾生，無有眾苦，但受諸樂，故名極樂。**

**注釋**

1 佛土：無論是淨土還是穢土（凡夫居住之現實世界），只要有佛法教化，皆可稱為佛土。這樣的國土在宇宙中有無數個，常以「十萬億佛土」統稱之。

**譯文**

講經法會一開始，佛陀便直接告訴長老舍利弗：從我們居住的娑婆世界，一直向西去，經過十萬億個佛世界後，有一個佛國叫西方極樂世界，教化主為阿彌陀佛，正在為大眾說法。

舍利弗！那個佛國為甚麼會稱為「極樂」呢？因為生活在那裏的眾生，只有快樂而沒有痛苦與災難，所以叫作極樂。

## 賞析與點評

在人生的旅途上，無法控制的天災人禍隨時都有可能降臨。大地震、火山爆發、海嘯等自然災害，令人感到恐懼；股市下跌、貨幣貶值、資產縮水，令人感到憤怒、委屈；生老病死苦時刻威脅着每一個人，令人感到無助；焦慮、緊張、憤怒、沮喪、悲傷、痛苦等負面情緒，令人活在煎熬之中。正是現實社會和環境的不完美，使理想社會成為古今中外人類社會的共同願望。

又舍利弗！極樂國土，七重欄楯，七重羅網[1]，七重行樹，皆是四寶周匝圍繞，是故彼國名為極樂。

又舍利弗！極樂國土，有七寶池，八功德水[2]，充滿其中。池底純以金沙布地，四邊階道，金、銀、琉璃、玻璃[3]合成。上有樓閣，亦以金、銀、琉璃、玻璃、硨磲[4]、赤珠[5]、瑪瑙而嚴飾之。池中蓮花，大如車輪[6]，青色青光，黃色黃光，赤色赤光，白色白光，微妙香潔[7]。舍利弗！極樂國土成就如是功德莊嚴。

注釋

1 羅網：連綴寶珠為網，以此莊嚴佛土。2 八功德水：指池水有八種功能：（1）澄淨：澄清、潔淨，無沖激、無污穢；（2）清冷：清淨涼冷，無混濁煩躁；（3）甘美：水味為甜；（4）輕軟：水的性質輕浮柔軟，不僅下行，而且上流，可飄浮於空中；（5）潤澤：滋潤滑澤，益人身心；（6）安和：安寧和平，無大、急的波浪；（7）除患：飲此水不僅止渴，且去餓；（8）增益：飲此水或用此水沐浴，可增加人的善根，使人身體安樂，心思清靜。佛教宣稱：「此水不僅有以上八功德，且永遠不會乾枯。」3 玻璃：非指現代人們所熟知的玻璃，而是相當於水精（晶）。4 硨磲：李時珍《本草綱目》云：「案韻會云，車渠，海中大貝，背上壟文，如車輪之渠。」後人以「石」加字旁，成「硨磲」。5 赤珠：又稱赤真珠，出海中，極為名貴。6 車輪：非凡間的車輪，而是指轉輪聖王之輪寶。以車輪喻蓮花，更喻蓮花之功德，輪有運載之功，蓮花有接引眾生往生淨土之功；輪有碾碎之德，蓮花有斷除眾生煩惱之惑業、出離生死苦海之德。7 微妙香潔：極樂國土的蓮花，精細、奇妙、清香、潔淨。

## 譯文

還有，舍利弗！極樂國的四周有七道精巧的欄杆，空中有七層瑰麗的羅網，地上有七重排列整齊的樹木；四面八方都充滿金、銀、琉璃、水晶四寶，所以該佛國叫極樂國。

舍利弗！極樂國中有用金、銀、琉璃、玻璃、硨磲、赤珠、瑪瑙七寶點綴的寶池，寶池裏面充滿了八功德水，池底滿鋪金沙。寶池四周的階梯和通道都是用金、銀、琉璃、水晶合成。水池上邊有巧奪天工的樓閣，也是以金、銀、琉璃、水晶、硨磲、赤珠、瑪瑙點綴裝飾，富貴而莊嚴；水池中蓮花盛開，花朵大得如轉輪聖王的車輪，蓮花顏色各異，有藍色的、黃色的、紅色的、白色的，精細奇妙，各自放出相應色彩的光芒，散發出沁人心脾的清香。

舍利弗啊！極樂世界就是由這麼多不可思議的功德成就的莊嚴國土。

## 賞析與點評

「三山七水一分田」，看起來地球上水很多，其實只有百分之三的水可直接飲用。古人因而只能擇河而居，幼發拉底河和底格里斯河、尼羅河、恒河、黃河分別被古巴比倫人、埃及人、印度人和中國人稱為母親河，孕育出四大文明古國。印度是熱帶國家，自古以來便缺水，淨土經典花費大量的筆墨描繪極樂國土寶池遍地，水甜甘美，很能吸引人們往生淨土之心。

---

**又舍利弗！彼佛國土，常作天樂，黃金為地，晝夜六時[1]，天雨曼陀羅華[2]。其土眾生，常以清旦，各以衣裓[3]盛眾妙華，供養他方十萬億佛，即以食時，還到本國，飯食經行[4]。**

**舍利弗！極樂國土成就如是功德莊嚴。**

## 注釋

1 晝夜六時：佛家把一天二十四小時分晨朝（初日分）、日中（中日分）、日沒（後日分）、初夜（分）、中夜（分）、後夜（分）六個時段。2 曼陀羅華（māndārava-pupa）：天花，多為紅色。3 衣裓（粵：隔；普：gé）：衣前襟。4 經行：飯後或禪坐後正念行走，即行禪。

## 譯文

舍利弗！在極樂國裏，空中自然演奏出種種美妙的天樂，地上鋪滿了黃金，不論晝夜，芬芳美麗的曼陀羅花，像雨那樣從天上飄下，滿地繽紛。生活在那裏的人們，每天清晨起床，採集各種鮮花，以前襟兜住，然後離開極樂國土，供養十萬億佛國的諸佛，再回到極樂世界，吃過早餐，修持步行禪。

舍利弗啊！極樂世界就是由這麼多不可思議的功德成就的莊嚴國土。

## 賞析與點評

梁漱溟曾說過：「不可戰勝的是誰？是生命。被戰勝的是甚麼？是物質。生命是心，是心表現在物上的，是心物之爭。」自古以來，物質匱乏直接威脅到人們的生存，人們習慣於爭奪有限資源以保障生命的安全，久而久之，內心形成了對身外之物的貪戀與渴求。如果有朝一日，社會財富得到極大的發展，如同西方極樂世界一樣，七寶滿地、物質豐富，大家都各取所需，思衣得衣，思食得食，那麼，人們還有甚麼可以擔心的呢？貪心自然會隨之而消失，取而代之的是安康自在的生活，大家共同分享美好的一切，並互相幫助，隨緣服務大眾。這才是理想的社會和理想的人生。

從本節起，我們將重點從正報莊嚴入手，描述西方極樂世界的理想人生。

復次，舍利弗！彼國常有種種奇妙雜色之鳥：白鶴、孔雀、鸚鵡、舍利[1]、迦陵頻伽[2]、共命之鳥[3]。是諸眾鳥，晝夜六時，出和雅音。其音演暢五根、五力、七菩提分、八聖道分，如是等法。其土眾生，聞是音已，皆悉念佛、念法、念僧。舍利弗！汝勿謂此鳥，實是罪報所生。所以者何？彼佛國土，無三惡道。舍利弗！其佛國土，尚無惡道之名，何況有實。是諸眾鳥，皆是阿彌陀佛，欲令法音宣流，變化所作。

舍利弗！彼佛國土，微風吹動，諸寶行樹及寶羅網，出微妙音，譬如百千種樂，同時俱作。聞是音者，自然皆生念佛、念法、念僧之心。

舍利弗！其佛國土成就如是功德莊嚴。

## 注釋

1 舍利：鳥名，譯作秋鷺、鶺鴒、百舌鳥等。2 迦陵頻伽（kalavika）：喜瑪拉雅山中的美音鳥。《正法念經》曰：「山谷曠野，多有迦陵頻伽，出妙音聲，若天若人，緊那羅等，無能及者。」3 共命之鳥（jīvajīvaka）：《法華》、《涅槃》等謂之命命鳥；《勝天王般若經》謂之生生鳥；《雜寶藏經》、《佛説阿彌陀經》謂之共命鳥，一身二頭，有「耆婆耆婆，兩首一身，果報同，心識別」之説。

## 譯文

再有，舍利弗！極樂國土裏有種種奇妙色彩的禽鳥：白鶴、孔雀、鸚鵡、舍利、迦陵頻伽、共命鳥。這些奇妙的神鳥，日夜不停地唱出柔和、高雅的音律，向眾生演說五根、五力、七菩提分、八聖道分等微妙的修道法門。那個世界的眾生聽了這些美妙的正法之音後，自然生起念佛、念法、念僧之心。

舍利弗！你千萬不要誤以為這些禽鳥也是因前世造種種惡業而轉世為畜生道的報應。為甚麼呢？因為極樂國土裏根本沒有畜生、餓鬼、地獄這三惡道的眾生。舍利弗！在極樂國土裏，就連三惡道的名字都不會聽到，更別說有實實在在的三惡道存在了。這些禽鳥都是阿彌陀佛的願力變化而成，用歌聲來教化眾生。

舍利弗！極樂國中微風吹動時，「七寶行樹」、「七寶羅網」都會發出精妙的天籟之音，好像是千百種樂器演奏出來的交響樂。極樂國土的眾生一聽到這空靈的天籟之音，自然生起念佛、念法、念僧之心。

舍利弗啊！極樂世界就是由這麼多不可思議的功德成就的莊嚴國土。

## 賞析與點評

周公制禮作樂，孔子主張「安上治民，莫善於禮；移風易俗，莫善於樂」，其意為以「禮」約束外部行為，以「樂」調和內在情感，以達到親善和諧的境界。佛家歷來與微妙伎樂結下不解之緣，其本意不在於美妙的音樂本身，而是一個「化」字，以清淨無染的佛法化世導俗，將佛陀的智慧以潛移默化的方式深入人心，使不同根性的人和諧共處，共建美好家園。如此，極樂世界離我們還遠嗎？

本節重點說明道德的教化是西方極樂世界眾生面慈心善的主要原因。

**舍利弗！南方世界，有日月燈佛、名聞光佛、大焰肩佛、須彌燈佛、無量精進佛，如是等恒河沙數諸佛，各於其國，出廣長舌相，遍覆三千大千世界，說誠實言：汝等眾生，當信是《稱讚不可思議功德一切諸佛所護念經》。**

譯文

舍利弗！（像我現在這樣讚歎阿彌陀佛的大願具有不可思議功德的，）在南方世界，還有日月燈佛、名聞光佛、大焰肩佛、須彌燈佛、無量精進佛等，諸佛數目多得像恒河裏的沙粒。他們分別在自己的佛國中，以無量辯才弘法利生（出廣長舌相），法音傳遍三千大千世界，以至誠之心為眾生講述真實的解脫之道：你們這些眾生呀，應當相信這部《稱讚不可思議功德一切諸佛所護念經》。

## 賞析與點評

恒河兩岸堆積的沙又多又細，佛陀一生主要在恒河流域說法，所以常用「恒河沙數」來比喻數目之多。

**舍利弗！西方世界，有無量壽佛、無量相佛、無量幢佛、大光佛、大明佛、寶相佛、淨光佛，如是等恒河沙數諸佛，各於其國出廣長舌相，遍覆三千大千世界，說誠實言：汝等眾生，當信是《稱讚不可思議功德一切諸佛所護念經》。**

### 譯文

舍利弗！（像我現在這樣讚歎阿彌陀佛的大願具有不可思議功德的，）在西方世界，還有無量壽佛、無量相佛、無量幢佛、大光佛、大明佛、寶相佛、淨光佛等，諸佛數目多得像恒河裏的沙粒。他們分別在自己的佛國中，以無量辯才弘法利生，法音傳遍三千大千世界，以至誠之心為眾生講述真實的解脫之道：你們這些眾生呀，應當相信這部《稱讚不可思議功德一切諸佛所護念經》。

**舍利弗！北方世界，有焰肩佛、最勝音佛、難沮佛、日生佛、網明佛，如是等恒河沙數諸佛，各於其國，出廣長舌相，遍覆三千大千世界，說誠實言：汝等眾生，當信是《稱讚不可思議功德一切諸佛所護念經》。**

譯文　舍利弗！（像我現在這樣讚歎阿彌陀佛的大願具有不可思議功德的，）在北方世界，還有焰肩佛、最勝音佛、難沮佛、日生佛、網明佛等，諸佛數目多得像恒河裏的沙粒。他們分別在自己的佛國中，以無量辯才弘法利生，法音傳遍三千大千世界，以至誠之心為眾生講述真實的解脫之道：你們這些眾生呀，應當相信這部《稱讚不可思議功德一切諸佛所護念經》。

**舍利弗！下方世界，有師子佛、名聞佛、名光佛、達摩佛、法幢佛、持法佛，如是等恒河沙數諸佛，各於其國，出廣長舌相，遍覆三千大千世界，說誠實言：汝等眾生，當信是《稱讚不可思議功德一切諸佛所護念經》。**

譯文　舍利弗！（像我現在這樣讚歎阿彌陀佛的大願具有不可思議功德的，）在下方世界，還有師子佛、名聞佛、名光佛、達摩佛、法幢佛、持法佛等，諸佛數目多得像恒河裏的沙粒。他們分別在自己的佛國中，以無量辯才弘法利生，法音傳遍三千大千世界，以至誠之心為眾生講述一個真實的解脫之道：你們這些眾生呀，應當相信這部《稱讚不可思議功德一切諸佛所護念經》。

**舍利弗！上方世界有梵音佛、宿王佛、香上佛、香光佛、大焰肩佛、雜色寶華嚴身佛、娑羅樹王佛、寶華德佛、見一切義佛、如須彌山佛，如是等恒河沙數諸佛，各於其國，出廣長舌相，遍覆三千大千世界，說誠實言：汝等眾生，當信是《稱讚不可思議功德一切諸佛所護念經》。**

譯文

舍利弗！（像我現在這樣讚歎阿彌陀佛的大願具有不可思議功德的，）在上方世界，還有梵音佛、宿王佛、香上佛、香光佛、大焰肩佛、雜色寶華嚴身佛、娑羅樹王佛、寶華德佛、見一切義佛、如須彌山佛等，諸佛數目多得像恒河裏的沙粒。他們分別在自己的佛國中，以無量辯才弘法利生，法音傳遍三千大千世界，以至誠之心為眾生講述真實的解脫之道：你們這些眾生呀，應當相信這部《稱讚不可思議功德一切諸佛所護念經》。

## 賞析與點評

《楞嚴經》對世界的定義是：「世為遷流，界為方位。汝今當知：東、西、南、北、東南、西南、東北、西北、上、下為界；過去、未來、現在為世。」（T19.122c13-16）東、西、南、北為四面，加東南、西南、東北、西北為八方，四面八方加上、下為十方，代表所有空間。以上六段經文描述東、南、西、北、下、上六方世界的諸佛，其實是指十方世界的諸佛，即宇宙間一切諸佛都讚歎阿彌陀佛的大願具有不可思議的功德，令世人生信心。

舍利弗！於汝意云何，彼佛何故號阿彌陀？

舍利弗！彼佛光明無量，照十方國，無所障礙[1]，是故號為阿彌陀。

又舍利弗！彼佛壽命，及其人民，無量無邊阿僧祇[2]劫[3]，故名阿彌陀。

舍利弗！阿彌陀佛成佛以來，於今十劫。

又舍利弗！彼佛有無量無邊聲聞[4]弟子，皆阿羅漢，非是算數之所能知。諸菩薩眾，亦復如是。

舍利弗！彼佛國土成就如是功德莊嚴。

**注釋**

1 障礙：煩惱能障礙聖道。障，煩惱；礙，妨害、阻攔。2 阿僧祇：無數，數目的最大極限。3 劫（kalpa）：從人壽十歲起，每過一百年加一歲，直加至八萬四千歲，為一增劫；然後每過百年減一歲，直減至人壽十歲，為一減劫。這一增一減完成了世界成、住、壞、空的一個週期，共一千六百八十萬年，為一小劫。二十個小劫為一中劫，為三萬三千六百萬年；四中劫為一大劫，為十三萬四千四百萬年。4 聲聞（śrāvaka）：聞佛陀之聲教，悟四諦之理而得解脫的人。

**譯文**

舍利弗！你對這個問題是怎麼想的？極樂國土裏的那尊佛，為甚麼會稱為阿彌陀呢？舍利弗啊！那尊佛具有無量無邊的清淨光明，照遍十方無量無數的佛國，毫無阻礙，所以被稱為阿彌陀；還有一個原因是那尊佛及其所教化的眾生的壽命，長到只能用阿僧祇劫來計算，無窮無盡，難以計算，所以被稱為阿彌陀。

舍利弗！阿彌陀佛從成佛到現在，已經過了十個大劫的時間。

舍利弗！阿彌陀佛有無量的阿羅漢弟子，數目之多，數也數不盡；也有無量的菩薩弟子，數目之多，難以估計。

舍利弗！極樂世界就是由這麼多不可思議的功德成就的莊嚴國土。

### 賞析與點評

孔子說：「仁者壽。」仁者就是道德高尚、助人為樂、成人之美的君子。君子心地寬廣，不斤斤計較，自然能夠健康長壽；小人心胸狹隘，整日患得患失，怎麼能不短命呢？在淨土中的都是善人，過着無憂無慮的生活，所以壽命特別長。「無量壽」、「無量光」因而成為阿彌陀佛及西方極樂世界大眾最突出的特點。

又舍利弗！極樂國土，眾生生者，皆是阿鞞跋致[1]，其中多有一生補處[2]，其數甚多，非是算數所能知之，但可以無量無邊阿僧祇說。

舍利弗！眾生聞者，應當發願，願生彼國。所以者何？得與如是諸上善人俱會一處。

舍利弗！不可以少善根、福德、因緣得生彼國。

**注釋**

1 **阿鞞（粵：皮；普：pí）跋致**（avaivartika）：意譯為「不退轉」，在成佛之道上一直向前，直到解脱，中途不會再退轉到六道去受苦。2 **一生補處**：隔一生而成佛。

**譯文**

舍利弗！往生到極樂國的眾生，都證得不會再退轉到六道去受苦的的果位，其中大多數在來生就會成佛。這類大菩薩在極樂世界裏多到無法用數字來計算，只能用無量無邊的「阿僧祇」來比喻。

舍利弗！無論是哪個佛國裏的眾生，只要有緣聽到上邊所說的極樂國土種種莊嚴盛事，都能從內心深處發大願，心甘情願地往生到那個不可思議的極樂國土。為甚麼呢？因為到了那裏，可以和許多善人為伴。

舍利弗！善根、福德、因緣不具足的人不可能往生到這麼好的佛國。

**賞析與點評**

《晏子春秋》載：晏子使楚，楚王故意指着齊國的小偷問晏子：「齊國人生來就喜歡偷盜嗎？」晏子回答説：「因水土不同，橘樹生長在淮河以南就結橘子，生長在淮河以北就會結出枳子。同樣，現在捉到的這個人，生活在齊國的時候，並沒有盜竊的行為，來到楚國以後卻偷盜，難道是因為楚國的水土容易使人變成小偷嗎？」「南橘北枳」這一成語告訴我們，社會風氣對人的影響很大。往生到西方極樂世界，時時刻刻與羅漢、菩薩為伴，人不變善良都難，所以經文以此鼓勵世人發願往生到這一理想的國土。

## 二、執持名號以立行

本節導讀——

佛經云：「雖有多聞，不制煩惱，不能自利，徒無所用，譬如死人，着金瓔珞。」如果說「信」為生命定向，「願」產生強大的動力，但這些最終必須落實到具體行動上，往生極樂淨土才有保障。

**舍利弗！若有善男子、善女人，聞說阿彌陀佛，執持[1]名號，若一日、若二日、若三日、若四日、若五日、若六日、若七日，一心不亂[2]。其人臨命終時，阿彌陀佛與諸聖眾現在其前。是人終時，心不顛倒[3]，即得往生阿彌陀佛極樂國土。**

**舍利弗！我見是利，故說此言。若有眾生，聞是說者，應當發願，生彼國土。**

注釋

1 執持：牢牢把持。2 一心不亂：心專一境，妄念不起。3 顛倒：錯亂，混亂。

譯文

舍利弗！倘若有善男子、善女人，有緣能聽到「阿彌陀佛」這個不可思議的名號後，信心生起，就能至誠懇切地一心念「阿彌陀佛」名號，堅持不懈，經過一天、二天、三天、四天、五天、六天、七天的努力，最終若能達到「一心不亂」的境界，那麼這個人在臨終時，阿彌陀佛和西方極樂國土的諸大菩薩、大阿羅漢們，就會現身在他（她）面前。該人在這臨終的關鍵時刻，在佛力的加持之下，內心不受愛憎、煩惱所迷惑，身體不受外境所干擾，一心念佛，當下就能往生阿彌陀佛的極樂國土。

舍利弗啊！我正是因為見到依靠阿彌陀佛的願力，念佛就能往生極樂國土的大利益，才會在這大會上不按常規，無問自說地宣講這個不可思議的淨土念佛法門。有人聽到我的這番話，就應當發起深切的願望，一心念佛，定能往生到那個不可思議的極樂國土。

賞析與點評

往生西方極樂世界的方法有多種，其中「持名念佛」經淨土宗的二祖善導大師的提倡非常流行，方法很簡單，就是執持名號，若一日若二日乃至七日，一心不亂。這種方法貴在堅持。只要堅持念佛，念到一心不亂，便得念佛三昧，自性清淨，當下就在淨土。

# 三、諸佛讚歎勸發願

本節導讀——

如果說信仰能給予生命定向，那麼願力則是驅動生命上進的內在動力。佛教因此特別強調願力的重要性。而念佛往生極樂國之修行法門，是一切世間難信之法，很難令眾生起信、發願。所以本節描述東、南、西、北、下、上六方世界恒河沙數諸佛，親身驗證極樂淨土真實不虛，稀有難得，並在自己的佛國中讚歎阿彌陀佛不可思議的功德，讓人們相信釋迦牟尼佛所說，發願往生極樂國土。

**舍利弗！如我今者，讚歎阿彌陀佛不可思議功德之利。東方亦有阿閦鞞佛[1]、須彌相佛、大須彌佛、須彌光佛、妙音佛，如是等恒河沙數諸佛，各於其國，出**

廣長舌相[2]，遍覆三千大千世界，說誠實言：「汝等眾生，當信是《稱讚不可思議功德一切諸佛所護念經》。」

**注釋**

1 阿閦（粵：出；普：chù）鞞佛（AksothyaBuddha）：初期大乘經典中主持東方淨土的佛陀，通稱不動如來，國土名「善快」、「妙喜」。2 廣長舌相：三十二相之一，舌廣而長，善說法。

**譯文**

舍利弗！像我現在這樣讚歎阿彌陀佛的大願具有不可思議功德的，在東方世界，還有阿閦鞞佛、須彌相佛、大須彌佛、須彌光佛、妙音佛等，諸佛數目多得像恒河裏的沙粒。他們都分別在自己的佛國中，以無量辯才弘法利生，法音傳遍三千大千世界，以至誠之心為眾生講述真實的解脫之道：「你們這些眾生呀，應當相信這部《稱讚不可思議功德一切諸佛所護念經》。

## 賞析與點評

觀世音菩薩在久遠劫前便已成佛，名「正法明如來」。她倒駕慈航，與十方世界無數古佛一道協助釋迦牟尼佛度化眾生，佛家因而有「一佛出世，千佛護持」之說。在現實社會中，佛家也有「要得佛法興，除非僧讚僧」之語，與中國傳統文化中「君子有成人之美」的古訓相通。

這告誡那些有「文人相輕」情結的人，要多抱隨喜之心，遇事要多讚歎別人，才是做人之道。

**舍利弗！於汝意云何？何故名為「一切諸佛所護念經」？舍利弗！若有善男子、善女人，聞是經受持[1]者，及聞諸佛名者，是諸善男子、善女人，皆為一切諸佛之所護念，皆得不退轉於阿耨多羅三藐三菩提[2]。是故舍利弗！汝等皆當信受我語，及諸佛所說。**

注釋

1 受持：受者，接受；持者，執持，可參閱前注「執持」條。2 阿耨多羅三藐三菩提（anuttarā-samyak-sabodhi）：無上正等正覺。

譯文

舍利弗！你知道嗎？這部經為甚麼被命名為「一切諸佛所護念經」？舍利弗！倘若有善男子、善女人，聽聞這部經後，能相信這部經，接受這部經，記住經中所言並依法修行，甚至只要聽聞東、西、南、北、上、下六方世界諸佛名號，那麼，他們都會受到一切諸佛保護、憶念，定能生不退轉之心，用功修行，直到證得無上正等正覺的佛果。因此，舍利弗！你們都應當相信我和諸佛所說的話，並依此言領受修習。

## 賞析與點評

稽首皈依蘇悉帝，頭面頂禮七俱胝。
我今稱讚大准提，惟願慈悲垂加護。
——准提神咒

《呂氏春秋》云：「慈石招鐵，或引之也。」早在先秦時，人們已發現磁石吸鐵的特性。那時，人們常把慈母對子女的吸引看作是磁石吸引鐵。同理，諸佛菩薩如磁石，而眾生則如同鐵，佛菩薩以仁慈之心攝受眾生，使之於佛法中得大利益。這就是「護念」，與「加持」相通，解釋了加持的力量來自何處。如同沉迷於電子遊戲的學生，成績不太理想，而老師正面的鼓勵與信任，使他不再沉迷玩遊戲而努力讀書；取得一點成績後，老師及時的肯定和表揚，令他信心倍增，乃至超常發揮，獲得優異成績。這就是加持的力量。同理，聽聞諸佛名字，生起恭敬心，虔誠誦讀佛經，明了佛理的同時生起信心，貪、嗔、癡等煩惱逐漸減少，正念和信心日益增長，這就是加持，時刻被諸佛菩薩所「護念」。

**舍利弗！若有人已發願、今發願、當發願，欲生阿彌陀佛國者，是諸人等，皆得不退轉於阿耨多羅三藐三菩提，於彼國土若已生、若今生、若當生。是故舍利弗！諸善男子、善女人，若有信者，應當發願，生彼國土。**

譯文

舍利弗！無論是誰，不管他在過去世中已經發過願，還是在現在世正在發願，或是未來世將要發願，想要往生阿彌陀佛極樂國土，這些人，不管已往生的、正在往生的，還是將要往生的，一定能生不退轉心，直到證得無上正等正覺的佛果。舍利弗！這些善男子、善女人，倘若有緣能聽到這部不可思議的經典而產生信心，都應該當下發大願，往生到那個不可思議的極樂佛國。

## 賞析與點評

眾生無邊誓願度，煩惱無盡誓願斷。
法門無量誓願學，佛道無上誓願成。
——四弘四願偈

一個人成就的大小與願力有關。願力不夠強的人，一旦遇到困難、遭到挫折，就會知難而退。宏大的願力，能激發人們潛在的精力、體力、智力和其他各種能力，釋放出巨大的精神能量，令人百折不撓，直至實現生命的最高價值。

舍利弗！如我今者，稱讚諸佛不可思議功德，彼諸佛等，亦稱讚我不可思議功德，而作是言：「釋迦牟尼佛能為甚難稀有之事，能於娑婆國土[1]，五濁惡世，劫濁、見濁、煩惱濁、眾生濁、命濁中，得阿耨多羅三藐三菩提。為諸眾生，說是一切世間難信之法。」

舍利弗！當知我於五濁惡世，行此難事，得阿耨多羅三藐三菩提，為一切世間說此難信之法，是為甚難。

佛說此經已，舍利弗及諸比丘，一切世間天人阿修羅等，聞佛所說，歡喜信受，作禮而去。

注釋

1 娑婆國土（sahā-loka-dhātu）：譯作堪忍世界，即我們這個世界的人甘願忍受因作惡而帶來的痛苦，不願離開。

譯文

舍利弗！正如我正在讚歎十方無量佛國裏的諸佛有不可思議的功德，諸佛也在各自的佛國裏稱讚我有不可思議的功德。他們是這樣說的：「釋迦牟尼佛能夠做到那些極其困難、極其稀有的事，他能在充滿劫濁、見濁、煩惱濁、眾生濁、命濁的五濁惡世中，證得無上正等正覺的佛果位。成佛後又能為娑婆世界裏的眾生宣說世間最讓人難以置信的無上法門。」

舍利弗！你應當知道，我在這五濁惡世的大染缸裏修行，證得無上正等正覺之佛果後，又為所有眾生宣說最難以讓人相信的法門——念佛往生西方極樂世界，這是多麼困難的事啊！

釋迦牟尼佛說完了法，舍利弗和佛陀常隨弟子比丘以及一切世間的天、人、阿修羅等大眾，聽到這部無上微妙、難得稀有、不可思議功德的經後，心裏充滿歡喜，產生了深刻的信仰心，恭恭敬敬地接受了這部經，並在向佛陀行禮之後離去。

## 賞析與點評

一位青年人翻山越嶺，進入深山求道。一天，他來到一個長期與世隔絕的村莊，好客的村民們設宴招待他。求道者很快發現，該村的居民有一個共同的特點，即所有人都沒有長耳朵；與此同時，村民們也意識到，求道者的頭上多出兩塊東西（耳朵）。

經商議，大家一致認為，求道者生了病，而且很嚴重，應該立即治療。因此大家一起動手，把求道者綁起來，準備為他做切除耳朵的手術。求道者拚命解釋說：「正常的人都有耳朵，你們沒有耳朵才不正常呢！」民村們聽後大笑：「我們從來都沒有聽說過人的頭上會長兩塊東西，你明明病得不輕，還不肯就醫，好愚蠢啊。」一邊說，一邊動手把求道者的兩隻耳朵割了下來。

同理，西方極樂世界的勝境，其實是禪修者在禪定中顯現的境界，普通人自然難以相信。所以佛陀說：「當知我於五濁惡世，行此難事，得阿耨多羅三藐三菩提，為一切世間說此難信之法，是為甚難。」然而，佛陀知其不可為而為之，難行能行，如同十方三世諸佛一樣，為苦惱眾生宣說淨土法門。無數根機上等者都能對此法門生起信心，依教奉行。

# 佛說觀無量壽佛經

# 《佛說觀無量壽佛經》導讀

淨因法師

據《世說新語·假譎》記載，東漢末年，曹操帶兵攻打張秀，迷了路。時值盛夏，驕陽似火，士兵們被曬得頭昏眼花，口渴難耐。曹操急中生智，告訴將士們，前面不遠處有一大片梅林，那兒有水。

將士們聽了曹操的話，想到梅子的酸味，口水直流，遂士氣大振。最終軍隊沒有看到梅子，卻找到了水，渡過了難關。這就是「望梅止渴」成語的來源，常用來比喻願望無法實現時，用空想激勵自己。

然而，《佛說觀無量壽佛經》（以下稱簡《觀無量壽佛經》）認為，「觀想」潛藏着改變人生的巨大潛能，不僅能使我們夢想成真，而且能幫助人們成功「登陸」西方極樂淨土。

## 一、《觀無量壽佛經》的版本與注疏

據《開元釋教錄》所列，《觀無量壽佛經》有兩種譯本。劉宋曇摩密多的譯本已失傳，由劉宋畺良耶舍於文帝元嘉元年（四二四）在建業（今南京）譯出的版本，成為目前唯一的譯本，為本書所採用，不過，本書只是節選大部分經文加以譯注。日本人收藏了一些以維吾爾語寫就、成碎片的《觀無量壽佛經》，經日本學者研究，這些碎片很可能是從漢譯的《觀無量壽佛經》轉譯的，因為比對兩個版本，有許多相似之處。例如，維吾爾語經本中的觀世音菩薩是唐音（Oansiin Bodisati），而不是梵音（Avalokitesvra）。

該經的注疏很多，最具代表性的中文注疏有六種：《觀無量壽佛經義疏》（隋慧遠撰）、《觀無量壽佛經義疏》（唐吉藏撰）、《觀無量壽佛經疏妙宗鈔》（隋智者說、宋知禮述）、《觀無量壽佛經四帖疏》（唐善導集記）、《觀無量壽佛經義疏》（宋元照述）和《觀無量壽佛經直指疏》（清續法集）。其中，《觀經妙宗鈔》與《觀經四帖疏》，義理深邃，有獨到見解，對後世影響較大。以上注疏是本書主要參考資料。

## 二、《觀無量壽佛經》的基本內容

佛陀在王舍城王宮講《觀無量壽佛經》，大致包含三方面內容：本經緣起、修三福與十六觀。釋迦牟尼佛（以下簡稱「佛陀」）時代，頻婆娑羅王晚年得子，叫阿闍世。長大成人後，受提婆達多的煽動，把父王關進了監獄，打算把他餓死，自己做國君。王后韋提希營救丈夫的行動暴露後，也被囚禁起來。頻婆娑羅王危在旦夕，眼看不孝之子阿闍世即將犯下殺父篡位的彌天大罪，韋提希悲痛萬分。為了改變三人的命運，佛陀無問自說，為韋提希和未來無量苦惱眾生講述殊勝的極樂淨土法門——《觀無量壽佛經》，這成為佛陀講述本經的緣起。

三福指世福、戒福和行福，又叫作「三種善業」，是淨土法門修持的基礎。世福是世間善法，專指孝養父母，侍奉師長，慈心不殺；戒福是出世善法，專指受持三歸、五戒十善業；行福是入世善法，專指發菩提心，深信因果，誦讀大乘，自己獲益後，進而勸化有緣人，捨棄惡念，往生淨土。三福具有從淺到深，從低到高的次第，是往生淨土的前提條件。

念佛往生淨土，是淨土法門的總綱。就心路歷程而言，是由持名念佛至觀想、觀想再到實相念佛。《佛說阿彌陀經》重在闡揚「持名念佛」，而《觀無量壽佛經》側重於「觀想念佛」，通過修十六種觀想（見下表），由觀想佛土、佛像、佛身，而見佛心，即得往生極樂國土。修十六觀因而成為本經之核心內容，所以本經有時也叫作《十六觀經》。

## 十六觀

| 以因果分 | 以內外分 | 十六觀 | 說明 |
|---|---|---|---|
| 觀果 | 觀依報 | 1 日想觀 | 由現實世界過渡到西方極樂淨土 |
| 觀果 | 觀依報 | 2 水想觀　3 地想觀 | 觀淨土所依境界 |
| 觀果 | 觀依報 | 4 寶樹觀　5 寶池觀　6 寶樓觀 | 觀琉璃大地上樹、池和樓之莊嚴 |
| 觀果 | | 7 華座觀 | 由觀依報過渡到觀正報 |
| 觀果 | 觀正報 | 8 像想觀　9 真身觀 | 觀佛果觀 |
| 觀果 | 觀正報 | 10 觀音觀　11 勢至觀 | 菩薩 |
| 觀果 | 觀正報 | 12 普觀 | 自往生觀 |
| 觀果 | 觀正報 | 13 雜想觀 | 由觀極樂淨土過渡到現實世界 |
| 觀因 | | 14 上輩觀　15 中輩觀　16 下輩觀 | 回到現實世界 |

《佛遺教經》云：「制之一處，無事不辦。」（T26.285b27）一個人若專心做一件事，定能成功，這種「專注」的精神是《觀無量壽佛經》修觀成敗之關鍵。本經引導人們以專注於一方

作為修觀的入手處。西方讓人們聯想到西方極樂世界，落日使人聯想起美好事物，故觀日落西方，自然成為十六觀的第一觀——「日想觀」。而落日時天水相連，由觀落日自然過渡到「觀水」（第二觀：水想觀），觀水成冰，見冰為地（第三觀：地想觀）。再由極樂淨土琉璃大地觀想到大地上的樹（第四觀：寶樹觀）、池（第五觀：實池觀）和樓（第六觀：寶樓觀），構成極樂世界的莊嚴國土，以上六觀合稱為「觀依報」。其中，這六觀中的前一觀半（「日觀」及「水觀」前半）是連接現實世界和西方極樂世界之橋樑，所以稱作「觀方便」，後四觀半（「水觀」後半觀、「地觀」、「樹觀」、「池觀」和「樓觀」）是極樂淨土的依報。

第七觀「華座觀」之歸屬，古代有不同的意見。依慧遠，「華座觀」屬依報（指我們外在的物質世界）；依吉藏，「華座觀」屬正報（指我們自身）。我個人認為，「華座觀」是「觀依報」向「觀正報」之過渡，引導修觀者由莊嚴的極樂淨土上的華座，聯想到座位上的阿彌陀佛像（第八觀：像想觀），再聯想到相好光明的阿彌陀佛真身（第九觀：真身觀），然後自然聯想到在佛兩側侍立的觀音（第十觀：觀音觀）和大勢至兩位大菩薩（第十一觀：勢至觀）。第十二「普觀」是觀想自己身臨其境，往生西方淨土之境界。第十三「雜想觀」所觀之佛，又變成人們所熟悉的一丈六的佛像，對以上淨土聖眾加以總結。所以這一觀想又是過渡，把人們由西方極樂世界拉回到人間來。由此可見，由第八「像想觀」到第十三「雜想觀」，是觀想極樂淨土的正報——觀想淨土聖眾。

從第十四「上輩觀」到第十六「下輩觀」，又由極樂淨土回到人間，觀想凡夫修觀為因，往生淨土為果。佛陀依據修行者的根機、功夫深淺和造業，闡明不同的往生方法，有上、中、下三輩之別。三輩中再分為上、中、下三品，共有九種不同的往生方式。

修十六種觀想，是開啟從憂鬱、煩惱、痛苦、失望的此岸到達清淨、光明、美麗、安樂彼岸之門的金鑰匙。若觀想成功，必能親眼見到極樂世界的依、正莊嚴，蒙佛授記，去除無量劫業障生死之罪。修三福（世福、戒福和行福）則是修觀成功的前提條件，而人們生前的所作所為，決定了往生方法之不同，有上、中、下三輩九品之差別，使得往生極樂淨土的人有理有據，心安理得。

## 三、《觀無量壽佛經》的現代意義與普世價值

如何實現美好人生、建構理想社會，一直是人們最關心的話題。不少人堅信，充裕的物質財富、發達的科學技術和完善的法律體制是創建祥和、安定社會的保證；更有人過分誇大武力的作用，認為強大的軍隊、威力無比的武器是建立世界新秩序、維護世界和平的利器。然而，

殘酷的現實告訴我們，人類原有的問題（如生老病死之苦、貪嗔癡等思維、自然災害等）尚未解決，新問題（如恐怖主義的抬頭、禽流感等新病毒、環境污染、工作壓力、失業、精神空虛等）又接踵而來。人類苦難多，究其原因，人們並未從根本上解決問題。其實，世間的是與非、善與惡、美與醜、愛與恨、苦與樂、戰爭與和平來自同一根源——人心。

《六祖壇經》云：「心生種種法生，心滅種種法滅。一心不生，萬法無咎。」（T48.386b16-17）《華嚴經》亦云：「心如工畫師，能畫諸世間。五蘊悉從生，無法而不造。」我們的心如同世界上最優秀的畫家，畫出了人類幾千年文明的精彩。從原始人的鑽木取火到核能發電，從簡單的勞動工具到先進的儀器，從茅屋到摩天大樓，從結繩、算盤到電腦……哪一件不是人心所「造」?!

也許有人會問：自然界美好的事物，如皎潔的明月、盛開的鮮花，都是客觀存在的事實，怎能用心去「畫」？其實不然，同樣是一江春水，在歡喜的人心中，是「日出江花紅勝火，春來江水綠如藍」；然而在憂愁的人心中，是「問君能有幾多愁，恰似一江春水向東流」。自然景色的本來面目，恐怕還是取決於觀賞者的心情，正如劉勰在《文心雕龍．神思》中云：「登山則情滿於山，觀海則意溢於海。」

那麼，心能「畫」出美味佳餚、舒適的居住環境嗎？莊子在《齊物論》中提供了最好的答案：人吃五穀，鹿吃草，鴟鴉喜歡吃老鼠。對於一切有情眾生來講，到底甚麼才是真正意義上的美味佳餚呢？[1]古往今來始終無定論。還有，人睡在潮濕的地方，就會腰瘦背痛，泥鰍卻最喜歡鑽在泥地裏；人爬到高樹上就會驚恐不安，猿猴則在樹上來去自如。這樣看來，不同的動物，因業力不同，對舒適的居住環境會有不同的理解。[2]

人也是心「畫」出來的嗎？《大智度論》用美女作比喻來解答這一問題。欲心重的人見到美女，便覺得可愛而生染著心；情敵見到她便會妒火中燒；而在蚊子眼中，她是美食，也是致命的殺手……美女是同一人，卻因觀者的角度不同而產生好壞、美醜的分別，因此並沒有一個客觀存在的實體被稱為「美女」。

那麼，心也能「造」佛嗎？答案是肯定的。《六祖壇經》云：「菩提自性，本來清淨。但用此心，直了成佛。」（T48.347c28-29）心本清淨，被貪嗔癡等自私的思想污染後，產生種種分別，起惑造業，令人痛苦不堪，而成煩惱凡夫。正如《六祖壇經》云：「自性若悟，眾生是佛；自性若迷，佛是眾生。」（T48.361c28-29）又云：「前念迷即凡夫，後念悟即佛。」（T48.350b2829）轉迷成悟在一念之間。禪宗通過修禪定達到轉迷成悟的目的，而《觀無量壽佛經》中的十六觀則在禪修「專注」的基礎之上，加上觀想西方極樂世界依正莊嚴、諸佛菩薩

---

1 《莊子・齊物論》：「民食芻豢，麋鹿食薦，蝍蛆甘帶，鴟鴉嗜鼠，四者孰知正味？」

2 《莊子・齊物論》：「民濕寢則腰疾偏死，鰌然乎哉？木處則惴慄恂懼，猨猴然乎哉？三者孰知正處？」

相好光明等美好事物，使心中妄念沒有機會生起，如同衣物被香熏，久則染其香味。念佛之人心中常憶念佛，向善、向上的佛心便悄然而生，久而久之，與佛無異。《觀無量壽佛經》說：「次當想佛。所以者何？諸佛如來是法界身，入一切眾生心想中。是故汝等心想佛時，是心即是三十二相，八十隨形好。是心作佛，是心是佛。」

由以上分析可見，我們的心確實如同世界上最優秀的畫家，畫出了千變萬化的世界，也畫出了喜怒哀樂的人生。修十六觀對個人的啟示是：以佛心看人，則遍地都是佛；以鬼心看人，則處處是猙獰的惡鬼。但願現代人多從正面的角度看問題，人生一定更美好。修十六觀對社會的啟示是：要獲得全人類的幸福與安寧，必須從「自淨其意」開始，因為只有美好的心靈才能畫出絢麗多彩的人生。主觀世界一旦改變，宇宙人生也隨之而改變，理想社會遂隨之而生。

# 一、本經緣起

本節導讀——

任何一種解脫都是從知苦入手。對苦的了解決定了一個人發何種心和修何種法。譬如說，了知地獄苦，便會發積德行善心，修人天乘法；了知輪迴苦，便會發解脫心，修解脫道；了知眾生苦，便會發菩提心，修菩薩乘。知苦是離苦的開始，本經主角韋提希遭到至親骨肉的背叛、加害，深感人間之苦，成就了佛陀演說這部經的因緣。

**如是我聞。一時，佛在王舍城耆闍崛山[1]中，與大比丘眾，千二百五十人俱；菩薩三萬二千，文殊師利法王子[2]而為上首。**

**注釋**

1 **耆闍崛山**（Gdhrakūa）：靈鷲山，位於中印度摩羯陀國首都王舍城之東北側，是佛陀講說大乘經典之地。2 **法王子**：菩薩受教育於法王佛陀之家，故稱法王子。《智度論》云：「佛為法王，菩薩入法正位，乃至十地，故悉名法王子。」文殊協助佛陀教化眾生的貢獻甚大，故被稱為第一法王子。

**譯文**

我親耳聽佛陀是這樣講述的：一天，佛陀雲遊途中，在王舍城耆闍崛山落腳，同行的有常隨佛陀的一千二百五十位德高望重的比丘和三萬二千位菩薩，以文殊師利法王子為上座。

## 賞析與點評

佛陀臨終時，阿難問了四個問題，最後一個是：「佛陀在世時，佛陀說法，大家容易生起信心，然而佛陀去世後，在收集您的言教時，如何才能令後人對此深信不疑呢？」佛陀答道：「當安如是我聞，一時佛在某處，為某眾等六要素。」本經依佛陀遺教，交待了這六個要素，使聽者對該經生起信心，「如是」為「信成就」，表明該經為佛所說；「我聞」為「聞成就」，表明該經為阿難親耳所聞，並非輾轉傳聞的；「一時」為「時成就」，表明有緣人聚會一處，聽佛說此經；「佛」為「主成就」，表明說法之主體是佛陀；「王舍城耆闍崛山中」為「處成就」，表明說該經有準確的地點；「比丘眾」為「眾成就」，表明聽經的人。

〔摩揭陀國的不幸〕**爾時，王舍大城有一太子，名阿闍世，隨順調達[1]惡友之教，收執父王頻婆娑羅[2]，幽閉置於七重室內，制諸群臣，一不得往。**

**注釋**

1 調達：即提婆達多（Devadatta），佛陀之堂弟，阿難親兄，多次想加害佛陀。2 頻婆娑羅王（Bimbisāra）：佛陀時代，摩竭陀國王是佛教最初的護持者，晚年被太子阿闍世幽禁，在牢房中證得三果阿那含。

**譯文**

當時，古印度摩揭陀國的首都王舍城有一位王子叫阿闍世，長大成人後，被封為太子，在惡友提婆達多的教唆、鼓動之下，將父王頻婆娑羅王囚禁在有七重關卡的囚室內，並想辦法管制群臣，禁止任何人前往探視，以達到弒父奪權的目的。

## 賞析與點評

阿闍世既然已被封為太子，便是法定的王位繼承人，為甚麼仍然如此喪心病狂，企圖殺父篡位？其主要原因就是聽從了惡友提婆達多之教唆。這提醒我們，交友必須慎重。正如《孔子家語》卷四云：「與善人居，如入芝蘭之室，久而不聞其香，即與之化矣；與不善人居，如入鮑魚之肆，久而不聞其臭，亦與之化矣。」

〔韋提希王后探監救夫〕國大夫人名韋提希，恭敬大王，澡浴清淨，以酥[1]蜜和[2]麨用塗其身；諸瓔珞[3]中，盛葡萄漿，密以上王。

注釋

1 酥：從牛出乳，從乳出酪，從酪出生酥，從生酥出熟酥，從熟酥出醍醐。醍醐，是乳製品的最高境界。2 和：拿兩種東西攙在一起。3 瓔珞：古代用珠玉串成的裝飾品，多用為頸飾，又稱纓絡、華鬘。瓔珞中空，可盛果漿。

譯文

國王的妻子韋提希，一生與國王相敬如賓，情深意重，（看到丈夫被逆子關押，將會被餓死，心如刀割，）於是她將身體洗得乾乾淨淨，然後在全身塗抹上用酥蜜和麵調和而成的食品，並將葡萄汁暗藏在一個個中空的瓔珞中，在探視國王時，悄悄將那些食物送給國王。

賞析與點評

頻婆娑羅王曾經擁有至高無上的權力，一場宮廷政變，使他立即成了階下囚，連普通人的權力都沒有；而母儀天下、享有特殊地位的王后，一旦丈夫成了階下囚，她也失去了照顧自己丈夫的權力。這提醒世人：做官時不要被官位困住；做生意時不要被鈔票迷住；有兒女時不要被親情縛住，因為世間的一切事物與國王的權力、王后的榮華富貴一樣，有如水月鏡花。

**爾時，大王食麨飲漿，求水漱口。漱口畢已，合掌恭敬，向耆闍崛山遙禮世尊，而作是言：大目乾連是吾親友，願興慈悲，授我八戒[1]。**

**注釋**

1 八戒：即八關齋戒。《十善戒經》云：「八戒齋者，是過去現在諸佛如來為在家人制出家法。一者不殺；二者不盜；三者不淫；四者不妄語；五者不飲酒；六者不坐高廣大床；七者不作倡伎樂，故往觀聽，不着香熏衣；八者不過中食。」

**譯文**

國王吃完用酥蜜調製的麵食，喝光葡萄汁後，用水漱口。漱完口後，國王雙手合十，恭恭敬敬地向佛陀居住地耆闍崛山遙拜行禮，口中念道：大目乾連啊！您是我最親密的朋友，希望您能發慈悲之心，為我傳授八關戒。

**賞析與點評**

俗話說，「人在江湖，身不由己」，此話說盡了被名利所困之人的無奈。只有當人生病躺在病床上時，才有時間思考人生的真實意義。同樣，身為一國之尊的頻婆裟羅王，平時日理萬機，被幽禁後，倒是有充裕的時間靜心思考，並希望與好友大目乾連探討人生之真諦，以解答他對人生的困惑。人生免不了身陷逆境，若能深刻反思，未嘗不是一件好事。

時目乾連如鷹隼[1]飛，疾至王所。日日如是，授王八戒。世尊亦遣尊者富樓那[2]為王說法。如是時間經三七日，王食麨蜜，得聞法故，顏色和悅。

**注釋**

1 鷹隼：鷹與隼的共同特點是，視覺敏銳，飛行速度極快。這裏是說目乾連如鷹隼，很快飛到阿闍世關禁國王的地方。2 富樓那（PūraMaitrāyaniputra）：意譯為滿慈子，從父母得名。在佛陀弟子中，他說法時善於開誘，故有「說法第一」之美稱。

**譯文**

國王話音未落，目乾連便如雄鷹飛起，轉眼間來到幽禁國王的囚室內，給國王授八關戒。同時，佛陀也派遣長老富樓那尊者來給國王講解佛法。就這樣，經過三七二十一天，國王能吃到用少許蜜調製的麵食，又能聽聞佛法，面色日益紅潤祥和起來。

**賞析與點評**

遭到至親、至愛、至信的人背叛、加害，又一時間無法化解困境，怨恨、懊惱、追悔，都是人們正常的反應。身陷牢獄的頻婆裟羅王在佛陀大弟子們的開導下，能坦然面對逆境，不惱不亂，這種榮辱不驚的境界反而使他的身心比以往任何時候都要健康。

〔逆子欲害母〕時阿闍世問守門者：父王今者，猶存在耶？時守門人白言：大王！國大夫人身塗麨蜜，瓔珞盛漿，持用上王；沙門[1]目乾及富樓那，從空而來，為王說法，不可禁制[2]。

時阿闍世聞此語已，怒其母曰：我母是賊[3]，與賊為伴；沙門惡人，幻惑咒術，令此惡王多日不死！即執利劍，欲害其母。

注釋

1 沙門（śramaa）：意為息，有停止惡念、熄滅煩惱之意，後來成為出家人的通稱。2 制：管制，制止。兩位大阿羅漢具足神通，能空中來往，而王后是主人，沒有人能禁止他們。3 賊：此處並不是說偷東西的人，而是罵人的話。

譯文

就在這時，太子詢問看守國王的守衛：我父王現在還活着嗎？守衛如實回稟：大王有所不知，自國王被囚禁後，王后每天身上塗滿麨蜜，還用瓔珞盛滿葡萄汁，送給國王食用。而且佛陀的弟子目乾連和富樓那長老也每天從空中飛來，給國王說法講經，我們根本沒有辦法阻止他們。

阿闍世聽了勃然大怒，破口大罵：我母親不是個好人，與那壞東西是一伙的！目乾連等比丘更是大惡人，使用巫蠱幻術，令那討厭的國王這麼多天還不死！說完，他手執利劍，怒氣沖沖地去找王后，準備將她處死。

### 賞析與點評

在正常情況下，誰都不願做不孝之子，可一旦牽涉到權力、財富、情感糾紛，怨恨、忿怒隨之而起，由此發生了形形色色的不孝、不悌、不仁、不義之事。權欲熏心的阿闍世，只因一念嗔恨心，竟然要加害生母，正應了「一念嗔心起，百萬障門開」的古訓。

〔臣諫止〕時有一臣，名曰月光，聰明多智，及與耆婆[1]為王作禮，白言：大王！臣聞毘陀論經[2]說，劫初已來，有諸惡王，貪國位故，殺害其父一萬八千，未曾聞有無道害母。王今為此殺逆之事，污剎利[3]種，臣不忍聞，是栴陀羅[4]。我等不宜復住於此。

〔闍王驚懼〕時二大臣說此語竟，以手按劍，卻行[5]而退。時阿闍世驚怖惶懼，告耆婆言：汝不為我耶？

耆婆白言：大王！慎莫害母！王聞此語，懺悔求救，即便捨劍止不害母。敕語內宮，閉置深宮，不令復出。

**注釋**

1 耆婆：國王的另一個兒子，是阿闍世的弟弟。他的母親名叫奈女。據說耆婆出生時，一手持藥囊，一手把針筒，後成為王舍城名醫。2 毘陀論經（Vedas）：婆羅門教一部講修行的經書。3 剎利（katriya）：印度四大種姓中第二種姓，是統治階層的種姓。4 栴陀羅（caāla）：四種姓之外社會地位最低下的賤民男性之通稱，以掃街、屠宰為業。5 卻行：倒退而行。

**譯文**

當時，朝中有一位足智多謀的大臣，名叫月光，見狀便與另一位忠臣耆婆一起，極力阻止其惡行，向他行禮並勸解道：大王，臣等聽婆羅門經典說：自有史以來，貪謀國家王位、弑父奪權的惡王有一萬八千之多，但還從未聽說過有傷天害理去殺害自己母親的。大王如果執意要做此天理不容的迕逆之事，實與四姓以外的賤民無異，是對高貴的剎帝利王族的玷污，臣等不忍心看到這樣的人倫慘劇，不能再呆在這裏了。說完，二人以手按劍，倒退着下殿。

阿闍世見狀驚恐萬分，轉身問耆婆：你也不再輔佐我了嗎？

耆婆亦勸阻太子：大王，請慎重行事，千萬不可殺害你母后啊！

阿闍世聽後，心生悔意，隨即扔掉手中的劍，斷除了殺害母親的念頭，但仍下令將王后幽閉在深宮中，禁止她出來。

〔慈母求佛救度〕時韋提希被幽閉已，愁憂憔悴。遙向耆闍崛山，為佛作禮，而作是言：如來世尊，在昔之時，恒遣阿難來慰問我，我今愁憂，世尊威重，無由得見，願遣目連尊者阿難與我相見。作是語已，悲泣雨淚，遙向佛禮。

譯文

王后韋提希被幽禁後，終日鬱鬱寡歡，日漸憔悴。她遙對耆闍崛山向佛行禮，請求道：如來世尊啊！從前，您經常派您的弟子阿難來安慰開導我。我現在愁苦難耐，世尊啊！您威高德重，我不敢奢望能見到您，但願您能派遣您的弟子目乾連和阿難來與我相見。韋提希說完，痛哭流涕，淚如雨下，遠遠地向佛陀所在的方向行禮。

賞析與點評

有一個古老的哲學問題：森林中一棵樹倒了下來，那兒不會有人聽到，那麼能說它發出聲響了嗎？同樣，當一個受苦受難的人向我們求救時，如果我們不用心去傾聽他的故事，痛苦的求救聲能得到善意的回應嗎？佛陀深知，幫助身在苦難中的人最好的方法就是傾聽，同情和理解對方的苦惱，才能找出最有效的辦法幫助他。

〔佛知往赴〕未舉頭頃，爾時世尊，在耆闍崛山，知韋提希心之所念，即敕大目乾連以及阿難，從空而來。佛從耆闍崛山沒，於王宮出。時韋提希禮已舉頭，見世尊釋迦牟尼佛，身紫金色[1]，坐百寶蓮華。目連侍左，阿難侍右，釋梵護世諸天[2]在虛空中，普雨天華，持用供養。

注釋

1 紫金色：金有四種，一青金；二黃金；三赤全；四紫金。紫金也叫紫磨金，是最好的一種金。2 釋：帝釋，或釋提桓因，為三十三天主；梵：梵天，或大梵天王，色界十八天中的第三天天主；護世：四天王等世間護法。

譯文

在韋提希低頭行禮的刹那間，佛陀在耆闍崛山中就已知道了她心中所想的事。他馬上命令目乾連和阿難從空中飛來，佛自己則一下子從耆闍崛山中消失，出現在王宮。韋提希行完禮剛一抬頭，便看到坐在百寶蓮花中法身呈紫金色的佛陀，大目乾連隨侍在左側，阿難隨侍在右側，帝釋天、大梵天以及四天王等世間護法則在空中護衛，天空中飛花如雨，以供養佛陀。

賞析與點評

趙州從諗禪師待客之道有上、中、下三等分別：上等人來訪，他在床上用本來面目接待；

中等人來訪，他下床到客堂禮貌地接待；第三等人來，他用世俗應酬的方式到前門去迎接。

同樣，頻婆裟羅王請法時，佛陀派弟子們前往；而韋提希王后求救時，佛陀不僅派弟子們先來探望，自己也親自來傾聽她的悲慘故事，主要有兩個原因：其一，頻婆裟羅王大根機，派弟子們前往說法即可，而韋提希王后希望求生淨土，只有佛陀親自出面才能達到目的。其二，頻婆裟羅王請法時，若佛陀親自去，阿闍世可能誤以為佛陀協助頻婆裟羅王謀政，怨嫌必重，甚至會導致其滅法，後果嚴重。

〔求佛說無憂之法〕時韋提希見佛世尊，自絕瓔珞[1]，舉身投地，號泣向佛，白言：世尊！我宿何罪，生此惡子？世尊！復有何等因緣，與提婆達多共為眷屬？唯願世尊，為我廣說無憂惱處[2]，我當往生，不樂閻浮提[3]濁惡世也。此濁惡世，地獄餓鬼畜生盈滿，多不善聚。願我未來不聞惡聲，不見惡人。今向世尊五體投地，求哀懺悔。

〔正請往生因〕唯願佛力教我，觀於清淨業處。

**注釋**

1自絕瓔珞：被囚日久，不期遇佛，悲喜盈懷，無暇容緩，扭斷項瓔，持用獻佛。2無憂惱處：即淨土。3閻浮提（Jambudvīpa）：四大洲之一，為人類居住地。

**譯文**

王后見到佛陀的一刻，悲喜盈懷，無暇容緩，扭斷項瓔，獻給佛陀，五體投地向佛跪拜，哭道：慈悲的佛啊！我前世造了甚麼罪孽，今世竟然生出這樣惡毒的兒子？佛啊！您又是因為甚麼樣的因緣，今世與提婆達多這樣的惡人成了親戚？我懇求您，為我詳細地指示那沒有憂愁和煩惱的地方，我盼望能往生到那裏，不再眷戀這充滿痛苦的塵世。在這骯髒的塵世中，地獄、惡鬼、畜生遍地，心地不善之人比比皆是。但願我轉生的未來之世，再也聽不到邪惡之聲，見不到邪惡之人。我在這裏向您行五體投地的大禮，請您哀憐我、寬恕我。唯願如同太陽光一樣的佛法智慧，引導我觀想清淨的去處。

## 賞析與點評

假如沒有黑夜，我們便看不到天上閃亮的星辰。同理，如果沒有煩惱，就沒有智慧。智慧與煩惱好像手心與手背。其實兩者都在同一隻手上，但手背無法拿東西，若反過掌來用手心，則雙手萬能。因此，即便是曾經一度使我們難以承受的痛苦磨難，也不會完全沒有價值。它可以使我們的意志更堅定，思想人格更成熟。對身處逆境的人來說，若能靜心反思，了知人生之真諦，調整心態，以平常心去應對危機，逆境反而會轉化為前進的動力，成為邁向成功的新起點。從這種意義上講，困境未嘗不是一件大好事。

**〔如來放光，現十方淨土〕爾時世尊放眉間光，其光金色，遍照十方無量世界，還住佛頂，化為金臺，如須彌山；十方諸佛淨妙國土，皆於中現。或有國土，七寶合成；復有國土，純是蓮花；復有國土，如自在天宮[1]；復有國土，如玻璃鏡；十方國土，皆於中現。有如是等無量諸佛國土，嚴顯可觀，令韋提希見。**

注釋

1 自在天宮：快樂自在的地方。自在天是欲界最高的一層天，也叫他化自在天。

譯文

就在這時，佛陀雙眉之間放射金光，盡照東南西北無量的世界，然後，金光又折返回來，照在佛頂上，化成一座像須彌山一樣的金臺。十方的淨妙佛國，便全都在這個金臺中顯現出來。有的佛國是由七寶組成；有的全部由蓮花構成；有的如自在天王的天宮；還有的像水晶鏡子一樣晶瑩剔透。十方世界所有的佛國淨土都從中顯現，憑肉眼便能看得清清楚楚，都讓韋提希王后一一親眼得見。

## 賞析與點評

生命是由無數的正、負面刺激構成，我們會在心裏對這些刺激作解釋，有時是有意識的，但多半是無意識的，看問題的角度便嚴重影響我們的生活方式。佛陀利用「視訊教學」為韋提希王后展示莊嚴的極樂淨土，是引導她學會從正面的角度看待事物，韋提希王后突然發覺，原來生命可以如此美好。如此思維，當下就是極樂淨土。正如《維摩詰經》云：「若欲得淨土，當淨其心，唯其心淨，則佛土淨。」

**〔頻婆蒙光，獲證道果〕時韋提希白佛言：世尊！是諸佛土，雖復清淨，皆有光明；我今樂生極樂世界，阿彌陀佛所，唯願世尊教我思惟，教我正受。爾時世尊即便微笑，有五色光從佛口出，一一光照頻婆娑羅王頂。爾時大王雖在幽閉，心眼無障，遙見世尊，頭面作禮，自然增進成阿那含。**

譯文

當時韋提希稟告佛陀說：世尊！諸佛淨土，清淨光明。我現在歡喜心已生起，願往生極樂世界阿彌陀佛的淨土，懇請世尊，教我應該如何去思維，教我往生西方的修行方法。佛陀聽後，面帶微笑，口中放出五色光芒，每一道光芒都照向頻婆娑羅王的頭頂。當時老國王雖關在幽暗的地方，但能觀照之心並沒有障礙，遙遙看見佛陀，立即五體投地禮拜。頻婆娑羅王一經佛光普照，自然修成不再回到輪迴受苦的果位（阿那含果）。

## 賞析與點評

阿闍世王若不逢惡友提婆達多，未必會有殺父圖王位之念；無此極惡之心，斷不會作此忤逆之事。頻婆娑羅王若不是其子忤逆之行為，便不可能有牢獄之災；若無此災，未必會有時間靜心反思，就不可能得到佛力加持，很快就證得聖果。由此觀之，阿闍世王之忤逆是頻婆娑羅王出世證果之助緣。由此看來，福者，禍之所倚；禍者，福之所伏。

# 二、修三福

本節導讀——

佛法博大精深，人畢生難窮其究竟；修行之路遙遙，即使經過三大阿僧祇劫的苦修，尚難預料結果，修行的信心因而難以生起。在這種情況下，佛教把靠「自力」轉迷成悟的修行方法稱為難行道，無問自說，講述念佛往生西方極樂淨土的法門，直截了當，簡單易行，令人們生起信心。佛教把靠「他力」往生極樂世界的法門稱為易行道。然而，這並不表示往生極樂淨土沒有「門檻」。《佛說阿彌陀經》云：「不可以少善根、福德、因緣得生彼國。」由此可見，往生極樂國土，僅僅念阿彌陀佛是不夠的。《無量壽經》告誡人們，修三福（世福、戒福和行福）是修習淨土法門必做的功課，以此為基礎，修十六觀，念佛的清淨心與佛相通，當下就在極樂淨土。

**爾時世尊告韋提希：汝今知不？阿彌陀佛，去此不遠，汝當繫念[1]，諦觀彼國淨業成者。我今為汝廣說眾譬，亦令未來世一切凡夫[2]，欲修淨業者，得生西方極樂國土。**

注釋

1 繫念：繫念於一處而不思他處。2 凡夫：在生死輪迴中，迷迷糊糊，轉來轉去，生了又死，死了又生，不覺得苦惱，不曉得修佛法的俗人。

譯文

當時世尊告訴韋提希：你可知曉？阿彌陀佛的極樂國土離王舍城並不遙遠。你應當心中時常憶念阿彌陀佛，還要詳詳細細、切切實實的觀想阿彌陀佛極樂國中因修淨業而往生的無數成就者。我今天會為你用各種譬喻詳細講述，也好讓未來世一切凡夫俗子，若有願修此（淨業）者，能夠往生西方極樂國土。

## 賞析與點評

有人勸禪師：「你每天參禪，太辛苦了。何不念佛往生淨土，容易又快捷。」禪師回答道：「西方極樂世界在十萬億佛土的遠方，即使我穿破了十萬億雙草鞋也到不了啊！」禪師的幽默含有深意：只要世人執著於是非、愛恨時空等名相為實有，心外求法，西方極樂世界便是遙不可及；一旦打破對時空的限制，從內心悟道，心淨則國土淨，極樂世界就在眼前。六祖惠能說過：「世尊在舍衛城中說西方引化經文，分明去此不遠。」

**〔修三福〕欲生彼國者，當修三福：一者孝養父母，奉事師長，慈心不殺，修十善業；二者受持三皈，具足眾戒[1]，不犯威儀[2]；三者發菩提心，深信因果，讀誦大乘，勸進行者。如此三事，名為淨業。佛告韋提希：汝今知不？此三種業，乃是過去、未來、現在三世諸佛，淨業正因。**

**注釋**

1 眾戒：在家五戒、八戒，出家十戒、具足戒，受持無缺。2 威儀：守持行、住、坐、臥的法則，言行便會鄭重不輕浮，令人心生恭敬。

**譯文**

佛陀說：凡是希望往生淨土的人，先要修習三種善業：一、要孝養父母，尊敬師長，心懷慈悲，不殺害生靈；二、要嚴於律己，心有所歸，不犯殺、盜、淫、妄、酒五戒；另外還要在行、住、坐、臥四方面，不失尊嚴和儀態；三、要深信因果，立志救度苦難眾生，發願往生阿彌陀佛之極樂國土。這些都是過去、現在、未來三世諸佛修得淨土的真正原因。

## 賞析與點評

鯉魚跳過龍門，就會從普普通通的魚變成超凡脱俗的龍了。可是，龍門太高，一次次嘗試，一次次失敗，摔得鼻青臉腫的鯉魚只能向龍王請求：可否把龍門降低一些？龍王自然不會答應，但鯉魚們跪了九九八十一天，龍王被感動了，答應了牠們的請求。鯉魚們一個個輕輕鬆鬆跳過了龍門，興高采烈地變成了龍。不久，變成龍的鯉魚們發現，都成了龍，跟大家都不是龍的時候好像並沒有甚麼兩樣。於是，牠們又一起找到龍王，說出心中的疑惑。龍王笑道：「真正的龍門是不能降低高度的。你們要想找到真龍的感覺，還是去跳那座沒有降低高度的龍門吧！」

降低標準，只能是自己騙自己。像龍門一樣，往生極樂淨土之門檻不能降低，《觀無量壽佛經》明確指出，除了念一句佛號外，還須修三福（世福、戒福和行福）。

**〔佛說稀有之法〕佛告阿難及韋提希：諦聽！諦聽！善思念之：如來今者，為未來世一切眾生、為煩惱賊[1]之所害者，說清淨業。善哉！韋提希，快問此事。**

**〔別囑阿難持宣〕阿難！汝當受持，廣為多眾宣說佛語，如來今者，教韋提**

希，及未來世一切眾生，觀於西方極樂世界，以佛力故，當得見彼清淨國土。如執明鏡，自見面像。見彼國土，極妙樂事，心歡喜故，應時即得無生法忍[2]。

注釋　1煩惱賊：煩惱能損慧命、傷法身。2無生法忍：若領悟到緣生緣滅的道理，便能通曉不生不滅之理，入見道初地，無須強忍也能心安神住。

譯文　佛陀告訴阿難及韋提希：你們要仔細的聽，要好好的思考，如來今天要為未來世的一切眾生，被煩惱賊所危害的人，講述修清淨業的方法。善哉啊韋提希！對往生西方極樂世界法門，若有何不明白的地方，趕快問。阿難！你應該牢牢記住，如來今天為教韋提希和未來世的一切眾生所傳授的觀想往生西方極樂世界的法門，並到各處為芸芸眾生宣講，讓眾生了知，因佛力加持故，可以看見阿彌陀佛的清淨國土，如同鏡子中照見自己的相貌那樣清晰。因清清楚楚見到阿彌陀佛國土的極妙樂事，心生歡喜，立即就能把智慧安住在不生不滅的本體上。

〔韋提希見土之由〕佛告韋提希：汝是凡夫，心想羸劣[1]，未得天眼，不能遠觀。諸佛如來，有異方便[2]，令汝得見。時韋提希白佛言：世尊！如我今者，以

**佛力故，見彼國土；若佛滅後，諸眾生等，濁惡不善，五苦[3]所逼，云何當見阿彌陀佛極樂世界？**

**注釋**

1 羸：疲軟；劣：衰弱。2 異方便：特別奇妙的方法。3 五苦：諸天苦、人道苦、畜生苦、餓鬼苦、地獄苦。

**譯文**

佛陀告訴韋提希：因你是凡夫，心力不足，天眼未開，不能遠觀。（本來你不可能看到西方極樂世界，諸佛因為要鼓勵你修淨業，以期將來可以往生到西方極樂世界去。）所以諸佛以特殊的方便法門，使得你能夠看到西方極樂世界種種的勝妙景象。當時韋提希稟告佛陀說：世尊！像我今天因佛力加持，才會親眼見到阿彌陀佛的國土；假若佛陀滅度後，愚昧眾生邪惡不善，為五苦所逼迫，那麼，這批人如何才能得見阿彌陀佛極樂的淨土呢？

**賞析與點評**

借助於科學儀器，我們方知：手機、電視、電腦等電子產品發出的電磁波，無處不有，我們卻無法感知它；紅外線、紫外線以及人體發出的微弱光，時刻存在，我們卻看不到它；茫茫宇宙中，有無數大到無法想像的行星、恒星，我們的肉眼看到的卻只是天空中點點繁星……同樣，佛陀通過智慧與方便，使我們了知極樂淨土之美妙、莊嚴。韋提希就是因佛力加持而得見淨土之殊勝，悲心頓生，代未來受苦眾生向佛請教往生極樂世界之方法。由此可見，韋提希並非小根之人。

# 三、依報觀

本節導讀——

依據佛家因果律，修行之人必有好的果報，主要表現在依報和正報上。依報指我們賴以生存的環境，即外在的物質世界。十六觀中前六觀屬依報觀，它們是：日想觀、水想觀、地想觀、寶樹觀、寶池觀、寶樓觀（總觀）。佛陀引導世人從現實社會的日、水引發觀想，由水結成冰，自然過渡到西方極樂世界的琉璃大地（第三地想觀），觀淨土大地上樹、池、樓清淨莊嚴，使世人生起往生極樂淨土之心願。

**佛告韋提希：汝及眾生，應當專心繫念一處，想於西方。云何作想？凡作想者，一切眾生，自非生盲[1]，有目之徒，皆見日沒。當起想念[2]，正坐西向，諦觀**

於日，欲沒之處，令心堅住[3]，專想不移。見日欲沒，狀如懸鼓[4]。〔勸常觀〕既見日已，閉目開目，皆令明了。是為日想，名曰初觀。作是觀者，名為正觀。若他觀者，名為邪觀[5]。

**注釋**

1 生盲：生下來眼睛便看不見了。2 想念：觀想。3 堅住：將心牢牢地專注於日落處。4 懸鼓：日落時，雲散光收，狀如鼓面，懸在空中。5 邪觀：不正確的觀想。

**譯文**

佛陀告訴韋提希：你和其他眾生一樣，應先集中意念於一處，觀想於西方。如何觀想呢？凡是作觀想的人，一切眾生，只要不是天生失明的人，都能看見日落西山的景象。看到太陽要落下，應生起正念，面向西方坐定，專注夕陽沉落的地方，專心想念這個太陽，不要讓心有機會移到別處去。此時就能見到太陽要落下去時，形狀像懸掛在空中的一面銅鼓。看見落日的形狀後，要做到不管是閉眼或是睜眼，對落日的形貌都能夠了然於心，這就是第一觀的日想觀，又叫初觀。修行者若能如是觀想，叫作正觀。若不如此觀想，就叫作邪觀。

## 賞析與點評

日落是一天的終止，象徵人生之終點，此時思考來生，合情合理；日落時分，柔和的太陽光不傷眼睛，容易觀察；日落天際，景觀美麗無比，有助於人們觀想美好事物；日落西方，自然讓人們想起西方極樂世界。因此，「日落觀」成為十六觀的第一觀。

**佛告阿難及韋提希：初觀成已，次作水想。想見西方一切皆是大水，見水澄清，亦令明了，無分散意。既見水已，當起冰想；見冰映徹，作琉璃想。此想成已，見琉璃[1]地，內外映徹，下有金剛[2]七寶金幢，擎[3]琉璃地；其幢八方，八楞具足，一一方面，百寶所成；一一寶珠，有千光明；一一光明，八萬四千色，映琉璃地，如億千日，不可具見。**

注釋

1 琉璃：七寶之一，為貓眼石之一種，有青、白、赤、黑、綠等各種顏色。此寶最大特色具有「同化」之功能，即任何接近琉璃之物，皆被琉璃之色所同化。同樣，佛陀之法，能使惡人轉化成善人，故佛家特重視此寶。2 金剛：堅固鋒利，所以能擎寶地。3 擎：擎起來、撐起來。

## 譯文

佛陀說：從落日而觀想到水。集中意念，觀想在西方日落之處有一望無際的大海，水色清淨明亮，使人心靜神閑，意念專一。然後一邊觀想清澈的水，使其心專注在水上面不散亂；把水轉成冰，再把看起來透明的冰轉成琉璃，最後把琉璃轉成琉璃地。若觀想成功，就能夠看到西方極樂世界的琉璃大地，內外透明清澈。琉璃大地是由七種寶貝做成的八角形的金剛幢支撐。每一面都是百寶組成，寶珠顏色繽紛，放出千萬道光芒，璀璨耀目；光芒又有八萬四千種顏色，映照在琉璃大地上，猶如千億個日光照耀，令人無法辨清其中有多少不同的光明。

## 賞析與點評

因觀落日而看到夕陽消失於天水相連之處。集中意念，觀想在西方日落之處有一望無際的大水，由「日想觀」過渡到第二水想觀，順理成章。觀想清澈的水結成冰，由冰聯想到晶瑩剔透的琉璃，一直延伸到遠方，由此而聯想到西方極樂世界的琉璃大地，為進入第三地想觀做準備。由此可見，水想觀是連接現實世界和西方極樂世界的橋樑，所以又稱作觀方便。

琉璃地上，以黃金繩，雜廁[1]間錯，以七寶界，分齊分明。一一寶中，有五百色光，其光如華[2]，又似星月，懸處虛空，成光明臺[3]；樓閣千萬，百寶合成，於臺兩邊，各有百億華幢，無量樂器，以為莊嚴；八種清風，從光明出，鼓此樂器，演說苦、空、無常、無我之音。是為水想，名第二觀。

此想成時，一一觀之，極令了了。閉目開目，不令散失。唯除食時，恒憶此事。作此想者，名為正觀。若他觀者，名為邪觀。佛告阿難及韋提希，水想成已，名為粗見極樂國地。若得三昧[4]，見彼國地，了了分明，不可具說。是為地想，名第三觀。

佛告阿難：汝持佛語，為未來世一切大眾，欲脫苦者，說是觀地法。若觀是地者，除八十億劫生死之罪。捨身他世，必生淨國，心得無疑。

注釋

1 雜廁：夾夾雜雜地軋在裏頭。2 其光如華：每一寶中發出五百色光，如盛開的鮮花。3 成光明臺：臺中現出百寶樓閣，由百寶自然合成，寶光懸於空中，變成光明寶臺。4 三昧（samādhi）：止息雜念，心不散亂。

譯文

琉璃大地邊界以黃金繩交叉纏繞，以七寶合成的繩子作為界線，整齊分明；每一個寶物射出五百種不同顏色的光芒，其光芒如盛開的鮮花，又如天空的星月，懸掛在虛空中，千萬道霞光在空中匯集成一座光明臺；樓閣有千萬個，都是百寶所合成。在臺的兩邊，有百億個華幢、數不盡的樂器，令琉璃大地十分莊嚴；在百寶光明中生出八種清風，吹动各種樂器，演奏着苦、空、無常、無我的妙音。這就是水想觀，名為第二觀。

第二觀水想觀想成功之時，對每一個細節都要一一觀想，明明了了，一直做到不論是閉眼還是睜眼，都不會令觀想散失。除了吃飯的時候，無時無刻不在觀想淨土。修行者若是能夠如上所説觀想，叫作正觀。若不如此觀想，就叫作邪觀。如此觀想者，也僅僅是粗見極樂國土而已。隨着觀想的深入，觀想者若已得三昧正定，此時觀想極樂國土，就能夠清清楚楚、明明白白，達至妙不可言的境界，與初觀時的感受大不相同。這就是地想觀，名為第三觀。

佛陀告訴阿難：你記住我的話，為未來世一切大眾，有想要脱離苦難的人，説此觀地法。若修行的人能觀想看見極樂國土，即能除去八十億劫生死之罪，命終時，一定能往生極樂世界，心中沒有任何懷疑。

## 賞析與點評

佛陀以世人熟知的日、水為觀想之始：觀落日定方位（西方），由水聯想到冰；轉冰成琉璃；再由琉璃聯想到極樂世界的琉璃大地。琉璃大地上百寶光明，樓閣千萬，諸佛説法，其樂融融。這就是地想觀。

也許有人會問，佛教教人清心寡欲，為何佛國莊嚴不離黃金百寶？《佛說無量壽經》云：「或一寶二寶，乃至無量眾寶，隨意所欲，應念而至。」（T12.272a8-9）當一個社會的財富極大豐富，百姓各取所需時，貪財又有何用？這是以觀百寶治世人貪財之心。另外，黃金百寶象徵修行功德之勝妙，以此鼓勵人們用功修道。這是地想觀的功能。

---

佛告阿難及韋提希：地想成已，次觀寶樹。觀寶樹者，一一觀之，作七重行樹想。一一樹高八千由旬[1]，其諸寶樹，七寶華葉，無不具足。一一華葉，作異寶色：琉璃色中，出金色光；玻璃色中，出紅色光；瑪瑙色中，出硨磲光；硨磲色中，出綠真珠光；珊瑚琥珀，一切眾寶以為映飾。妙真珠網，彌[2]覆樹上。一一樹上，有七重網；一一網間，有五百億妙華宮殿，如梵王宮。

注釋

1 由旬（yojana）：古印度長度單位，帝王一日行軍之路程，約為四十里。印度國俗為三十里，但一般認為一由旬等於十三至十六公里。2 彌：周遍；覆：蓋在上邊。

譯文

佛陀告訴阿難和韋提希：修地想觀成功後，接着就應觀想（琉璃大地上的）寶樹。極大地上長出以七寶合成的寶樹。修行者觀寶樹時，必須要一棵一棵逐一觀想。極樂國土的琉璃地上，周匝皆有寶樹行列，行行皆有七重，每一棵樹高有八千由旬，每一棵寶樹，都有七寶枝葉花果，所有樹都是如此，沒有不具足的；每一片花葉都會散發出奇異珍寶般的顏色：琉璃色出金色光，玻璃色出紅色光，瑪瑙色出硨磲光，硨磲色出珍珠綠光，珊瑚琥珀，各種寶物相互輝映。奇妙的珍珠結成的寶網覆蓋在樹上。每一棵樹上都有七重珠網；一重一重珠網的中間，有五百億座妙華宮殿，每座宮殿都像梵天王的王宮那樣美麗莊嚴。

諸天童子，自然在中。一一童子，五百億釋迦毘楞伽摩尼[1]，以為瓔珞。其摩尼光照百由旬，猶如和合百億日月，不可具明。眾寶間錯，色中上者。此諸寶樹，行行相當，葉葉相次。於眾葉間，生諸妙花，花上自然有七寶果。一一樹葉，縱廣正等二十五由旬。其葉千色。有百種畫，如天瓔珞。

注釋

1 釋迦毘楞伽摩尼：讓人產生種種智慧的如意之寶珠。

譯文

眾多童子在宮殿中自由自在地生活，享受種種快樂。每一個童子身上都掛着用五百億顆稀世珠寶做成的瓔珞，每一顆摩尼寶珠之光可映照百由旬那麼遠，就好像和合了百億的日月光芒，不可言說。各種寶物互相交錯，發出的光芒彼此輝映，非比尋常。這許多的寶樹，每一行都差不多大，每一片樹葉櫛比鱗次。在葉子之間，開出各種奇妙的花朵，葉子中間自然結有七寶果實。每一片樹葉，長寬約有二十五由旬。其葉子有上千種顏色，有百種圖案，如同天上的瓔珞，美麗非凡。

**有眾妙華，作閻浮檀金色，如旋火輪，宛轉葉間，踴生諸果，如帝釋瓶[1]，有大光明，化成幢幡無量寶蓋。是寶蓋中，映現三千大千世界，一切佛事。十方佛國，亦於中現。見此樹已，亦當次第一一觀之，觀見樹莖枝葉華果，皆令分明。是為樹想，名第四觀。作是觀者，名為正觀。若他觀者，名為邪觀。**

注釋

1 帝釋瓶：帝釋天之寶瓶，所需萬物會從中自然湧出。

譯文

樹上各種奇妙之花，其顏色是閻浮檀金色，其形狀就像旋轉的火輪，奇妙之花在葉子中間旋轉，猶如風車。葉子間生出各種果實。那些果實如同帝釋天的寶瓶，有大光明，可化成幢幡及無量的寶蓋。寶蓋映現三千大千世界，一切佛事，十方佛國，也在其中顯現。看見這些樹後，不但要一棵一棵觀想，還應當按順序一一觀想每一棵樹的莖、枝、葉、花、果，讓每一個部位都清楚顯現。此為樹想，為第四觀。修行者若能如上所述觀想，叫作正觀。若不如此觀想，就叫作邪觀。

### 賞析與點評

佛陀引導人們依次序觀想極樂世界寶樹的根、莖、葉、花、果實、種子，感受極樂世界遍地都是寶樹。這是第四寶樹觀。

佛告阿難及韋提希：樹想成已，次當想水。欲想水者，極樂國土，有八池水；一一池水，七寶所成。其寶柔軟，從如意珠王[1]生，分為十四支。一一支作七寶色，黃金為渠，渠下皆以雜色[2]金剛以為底沙。一一水中，有六十億七寶蓮華。一一蓮華，團圓正等十二由旬。

注釋

1 如意珠王：摩尼寶珠為眾寶之王。每一池心，各有珠王；池中七寶水從如意珠王而生，流落池中，常時盈滿。2 雜色：五彩綜合色。

譯文

佛陀告訴阿難和韋提希：觀想極樂世界的寶樹成功後，接下來應觀想池水。極樂國土有無數的八功德水池，池水都由七寶合成。因池中七寶水從如意珠王而出，其質柔軟，流落池中，常常盈滿，分作十四道支流。每一道分支，都有七寶妙色，黃金為溝渠，渠底是五彩的金剛沙，每一池水中，有六十億朵七寶蓮花，每一朵蓮花，有十二由旬大小。

**其摩尼水[1]，流注華間，尋[2]樹上下。其聲微妙，演說苦、空、無常、無我諸波羅蜜。復有讚歎諸佛相好者。如意珠王，踴出金色微妙光明，其光化為百寶色鳥，和鳴哀雅，常讚念佛、念法、念僧。是為八功德水[3]想，名第五觀。作是觀者，名為正觀。若他觀者，名為邪觀。**

注釋

1 摩尼水：從如意珠生出之水，非常清潔。2 尋：循，有依順、跟隨之意。3 八功德水：水有八種妙用：澄淨、清冷、甘美、輕軟、潤澤、安和、除飢渴、長養諸根。

## 譯文

池中摩尼水灌注花間，又沿樹自由流動，猶如懸瀑飛泉，嘩嘩作響，發出美妙的聲音，演説着苦、空、無常、無我等波羅蜜妙法，更有讚歎諸佛相好光明的。而其中的如意珠王湧出金色微妙的光芒，那些光芒化為百寶色的鳥，鳴聲輕柔而幽雅，時常稱讚念佛、念法、念僧。這就是八功德水觀想，名為第五觀。修行者若能如上述觀想，叫作正觀。若不如此觀想，就叫作邪觀。

## 賞析與點評

水聲傳佛號，法界普聞知。
四生登九品，三有托蓮池。

——古德

常樅臨終前，老子問他：「老師去世後，我當以誰為師？」常樅意味深長地説：「以水為師。」老子花費了很多年觀察水，終於悟出老師的深意，「上善若水，水善利萬物而不爭」，由是領悟到做人的道理。「上善若水」成為當今很多中國人的座右銘，無獨有偶，印度人也從水中領悟到苦、空、無常的人生哲理。這是第五寶池觀的本意。

佛告阿難及韋提希：眾寶國土，一一界上[1]，有五百億寶樓。其樓閣中，有無量諸天，作天伎樂；又有樂器，懸處虛空，如天寶幢，不鼓自鳴。此眾音中，皆說念佛、念法、念比丘僧。此想成已，名為麤見[2]極樂世界寶樹、寶地、寶池。是為總觀想，名第六觀。若見此者，除無量億劫極重惡業。命終之後，必生彼國。作是觀者，名為正觀。若他觀者，名為邪觀。

注釋

1 界上：由《佛說阿彌陀經》所說「四邊階道」和「上有樓閣等」可見，界上即池岸上。

2 麤見：大略觀想。麤，「粗」的異體字。

譯文

佛陀告訴阿難和韋提希：在眾寶所成的國土上，有無數八寶池，每一個池岸上有五百億寶樓。在樓閣中，有無數天女，演奏着天伎樂。又有樂器，懸在虛空中，就好像天寶幢，不鼓自鳴。這些眾多的音聲，都在讚歎念佛、念法、念比丘僧。此觀想成就後，就可稱為略見極樂世界的寶樹、寶地、寶池，此為總觀想，為第六觀。看見這第六觀者，可除去無量億劫極重的惡業，命終之後，一定往生阿彌陀佛國土。修行者若能如上述觀想，叫作正觀。若作他種觀想者，就叫作邪觀。

## 賞析與點評

現代城市建設的通病是：快速、粗糙、廉價、批量生產、可複製、標準化，給我們帶來了一座座被惡濁空氣籠罩的鋼筋混凝土建築。這些建築表面上富麗堂皇，卻絕不是人間樂園。它使人類與大自然隔絕，降低了我們的生活品質，甚至有損我們的健康。人們逐漸意識到居住環境與健康息息相關，於是，回歸自然和健康的生活方式，成為人們追求的目標。而第六寶樓觀引導人們觀想在風景如畫的自然環境中出現的亭臺樓閣，精巧而富麗；天籟之音，聖潔而空靈，洗滌着人們心靈的塵埃。至此，極樂國土的依報莊嚴，全部觀想成功，所以寶樓觀又被稱為「總想觀」。

# 四、正報觀

本節導讀——

佛陀在前六觀中描述極樂世界的景象（依報觀），引導眾生進一步去觀想極樂世界之聖眾（正報觀）。然而，聖眾抽象，微妙難觀，因此佛陀引導眾生從觀佛坐處——華座入手（第七華座觀），然後觀華座上的聖像（第八聖像觀），再由聖像進入正觀佛身（第九佛身觀），觀世音和大勢至菩薩侍立左右，相好光明，高貴無比。四周流水潺潺，風清鳥鳴，演說無上妙法，使我們的心靈得以淨化，心智得以提升，最後智慧大開，煩惱頓除。由觀佛和菩薩的美好形像而生佛心，心與佛相應，正合「即心即佛，心便是佛」之理。佛心是甚麼？是令眾生離苦得樂的大慈悲心，無有差別、平等濟度眾生的心。大慈心成就了阿彌陀佛，大悲心成就了觀世音菩薩，平等無分別心成就了大勢至菩薩。這是第七至十一觀的主要內容。

**佛告阿難及韋提希：諦聽！諦聽！善思念之。吾當為汝分別解說除苦惱法。汝等憶持，廣為大眾，分別解說。**

**〔三聖現身以啟信解〕說是語時，無量壽佛，住立空中。觀世音、大勢至，是二大士[1]，侍立左右。光明熾盛[2]，不可具見，百千閻浮檀金色，不得為比。**

注釋

1 大士：大菩薩的普通稱號。2 熾盛：像火那樣旺。

譯文

佛陀告訴阿難和韋提希：（前邊所說種種觀想的境界形相，還是粗略的，現在要說到微細的境界形相。）你們要仔細聽，好好思考啊！我現在要為你們解說化解苦惱的方法，你們一定要牢牢記住，並向大眾一一解說。（使得所有有緣人能夠聽明白，依佛所說的法門去修學。）

說此話時，無量壽佛已立於空中，觀世音、大勢至兩位大菩薩陪侍左右。因為光明熾盛，不可能把所有的光明都看得清清楚楚，即使有百千閻浮檀金色，也不能與這些光明相比。

## 賞析與點評

以下三觀重在觀佛：第七觀佛坐處，第八聖像觀，第九正觀佛像。韋提希依佛教導，修完前六觀時，阿彌陀佛與西方聖眾已站立在她面前，以此證實佛陀所言非虛。也許有人會問，在現實生活中，佛像以坐像居多，為甚麼西方三聖（無量壽佛、觀世音、大勢至）大多現立姿？原因很複雜，最簡單的解釋是與他們所負之責有關，即隨時準備接引念佛往生淨土之人。

**〔韋提希為未來請〕時韋提希見無量壽佛已，接足[1]作禮，白佛言：世尊！我今因佛力故，得見無量壽佛及二菩薩。未來眾生，當云何觀無量壽佛及二菩薩？**

注釋　1 接足：頂禮三聖足。

譯文　韋提希看見無量壽佛後，頭面接足向其作禮，稟告佛陀說：世尊！我今天因為有佛陀神力加持，才得以看見無量壽佛以及兩位大菩薩，而未來眾生怎樣才能看見無量壽佛及兩位菩薩呢？

## 賞析與點評

韋提希見到西方三聖後，對淨土法門深信不疑。與此同時，她又擔心起未來世殊緣難遇的眾生，怎會對極樂淨土產生信心?!韋提希的這一思維，從某一個側面再次説明，往生淨土的眾生不僅自己享受解脱的快樂，而且將自己解脱的經驗與他人分享，期盼有緣人都能獲得自在人生。這是大乘菩薩精神的體現。

**佛告韋提希：欲觀彼佛者，當起想念，於七寶地上，作蓮花想；令其蓮花，一一葉作百寶色；有八萬四千脈，猶如天畫；脈有八萬四千光，了了分明，皆令得見。華葉小者，縱廣二百五十由旬。如是蓮華有八萬四千大葉，一一葉間，有百億摩尼珠王以為映飾。一一摩尼珠，放千光明。其光如蓋[1]，七寶合成，遍覆地上。**

注釋

1 蓋：像傘，張開在佛頂上面，防灰塵沙泥吹到佛身上去。

譯文

佛陀告訴韋提希：修行者若要觀無量壽佛，應當生起想念之心。把心念放在佛淨土的七寶地上，對蓮花進行觀想：蓮花的每一片花瓣都是百寶的顏色，每一片花瓣都有八萬四千徑脈，猶如天上奇妙的畫，每一脈都散發着八萬四千道光芒。通過觀想，讓其顯現出來，了了分明，可以清楚看見。而比較小的蓮花葉子，長寬有二百五十由旬大。每一朵蓮花，有八萬四千片花瓣，花瓣之間，有百億顆摩尼如意寶珠為其莊嚴映襯。每一顆摩尼寶珠放出千萬道寶光，那些光芒猶如七寶合成的傘蓋，覆蓋在佛淨土之上。

## 賞析與點評

為了化解韋提希的疑問，佛陀說，未來世的眾生想要見到西方三聖並不難，通過修觀想就可以了。當然，阿彌陀佛、觀世音菩薩、大勢至菩薩等西方聖眾，境界高遠，內涵抽象、微妙，普通人的境界難窺廬山真面目。因此，佛陀引導眾生從觀想阿彌陀佛蓮花座之莊嚴相入手（第七華座觀），為觀華座上的聖像（第八聖像觀）做準備。

釋迦毘楞伽摩尼寶以為其臺。此蓮華臺，八萬金剛甄叔迦寶[1]、梵摩尼寶[2]、妙真珠網，以為校飾。於其臺上，自然而有四柱寶幢。一一寶幢，如百千萬億須彌山。幢上寶幔，如夜摩天[3]宮。復有五百億微妙寶珠，以為映飾。一一寶珠，有八萬四千光。一一光作八萬四千異種金色。一一金色，遍其寶土，處處變化，各作異相：或為金剛臺，或作真珠網，或作雜花云；於十方面隨意變現，施作佛事。是為華座[4]想，名第七觀。

注釋

1 甄叔迦寶：譯為赤色寶（樹名），像赤琉璃，形狀像人手。2 梵摩尼寶：潔淨沒有垢穢的摩尼寶。3 夜摩天：即欲界第三空居天。4 華座：以各種珍寶裝飾成的無量壽佛所坐的寶座。

譯文

蓮花臺由釋迦毘楞伽寶珠組成，以八萬金剛、八萬甄叔伽寶、八萬梵摩尼寶，還有很多奇妙的珍珠結成的珠網為裝飾。蓮臺上自然有四柱寶幢，每一個寶幢有百千萬億座須彌山那麼高，幢上寶幔莊嚴殊勝如夜摩天宮。蓮花臺上還用五百億顆微妙的寶珠做映飾，每一顆寶珠放出八萬四千道光芒，每一道光芒有八萬四千種特殊的金色，各種各樣的金色遍佈寶土之上，變化萬千，各自形成特別的形相：有的為金剛臺，有的作珍珠網，有的化作各種各樣的花，變化自如，於十方面隨意變現，施作佛事，隨機利物。此為蓮花座觀想，名為第七觀。

佛告阿難：如此妙花，是本法藏比丘願力所成。若欲念彼佛者，當先作此華座想。作此想時，不得雜觀[1]，皆應一一觀之。一一葉、一一珠、一一光、一一臺、一一幢，皆令分明，如於鏡中自見面像。此想成者，滅除五萬億劫生死之罪，必定當生極樂世界。作是觀者，名為正觀。若他觀者，名為邪觀。

注釋

1 雜觀：觀想之時，必須專一，不得有其他雜念。

譯文

佛陀告訴阿難：如此種妙花，是法藏比丘的願力所成就的。觀想無量壽佛的修行者，應該先按照上述種種觀想華座的法門，切切實實觀想。在觀想華座的時候，一定要專心，不得有雜念。應每一樣都詳細觀想：一瓣一瓣的花葉、一顆一顆的寶珠、一道一道的光芒、一座一座的華臺、一支一支的寶幢，都必須依見到的先後次序，一樣一樣去觀想，清楚分明，如同看鏡中自己的面相一樣。修行者若作此觀想成功，能滅除五萬億劫生死之罪，必定能往生極樂世界。若作此觀想者，名為正觀。若作他種觀想者，名為邪觀。

## 賞析與點評

有人會問，佛教主張過簡樸的生活，為甚麼阿彌陀佛的寶座雕琢得如此富麗堂皇？原因有二。其一，法藏比丘因地修行積累的功德，應得此果報。其二，佛陀利用眾生愛寶之心，以微妙寶珠裝飾而成的華座來吸引眾生念佛之心，可謂用心良苦。

佛告阿難及韋提希：見此事已，次當想佛。所以者何？諸佛如來是法界身，入一切眾生心想中。是故汝等心想佛時，是心即是三十二相，八十隨形好。是心作佛。是心是佛。

諸佛正遍知[1]海，從心想生。是故應當一心繫念，諦觀彼佛、多陀阿伽度[2]、阿羅訶[3]，三藐三佛陀。想彼佛者，先當想像；閉目、開目，見一寶像，如閻浮檀金色，坐彼華上。見像坐已，心眼得開，了了分明，見極樂國七寶莊嚴，寶地、寶池、寶樹行列，諸天寶幔彌覆其上，眾寶羅網滿虛空中。見如此事，極令明了，如觀掌中。

注釋　1 正遍知：佛陀十號之一，說明佛陀知曉世間法、出世間法。2 多陀阿伽度（tathāgata）：佛陀十號之第一名號，即「如來」。3 阿羅訶（arhat）：即阿羅漢。

## 譯文

佛陀告訴阿難及韋提希：通過觀想見到蓮花座的種種景象後，接下來應當觀想佛，為何如此呢？因為諸佛如來是法界的身軀，能了知一切眾生心中所想，所以當你們在一心觀想佛時，你們的心就是三十二相，還有跟隨三十二相而顯現出來的八十種隨形好。因為心中有佛，所以此心就是佛。

諸佛世間法和出世间法深廣無際，猶如大海。所有這些萬德圓融的果報都是從內心生起。所以若能一心繫念無量壽佛，接下來就應觀想該佛的三種德號：如來、應供和正遍知。觀想無量壽佛時，應先從佛像觀想入手，不管是閉眼睜眼，都能看見佛的寶像，全身為閻浮檀金色，坐在蓮花臺上。一旦通過觀想見到佛像坐在蓮臺上，心眼就得以開啟，一切了了分明。接着就能見到在極樂世界的大地上，七寶莊嚴。七寶地、七寶池、七寶樹，排列齊整，上面覆蓋着百寶天幔，天空佈滿百寶羅網。見到如此奇妙的景象，應明明了了地觀看，如同看手中的物品那樣清楚分明。

## 賞析與點評

有一位將軍問白隱禪師：「真的有天堂地獄嗎？」白隱禪師輕蔑地說：「你看來像個屠夫，哪配問這樣的問題?!」將軍氣得血脈賁張，「唰」一聲抽出刀來，朝禪師劈去：「看我宰了你！」

「地獄之門由此打開！」禪師呵斥道。「啊！請原諒我的莽撞……」將軍連忙把刀收起來，跪在地上向禪師陪罪。禪師微笑着點頭：「天堂之門由此敞開。」

這則公案告訴人們，心能造地獄，心能造天堂，心也能造西方極樂世界。《觀無量壽佛經》云：「汝等心想佛時，是心即是三十二相，八十隨形好。是心作佛。是心是佛。」「一切唯心造」的教義為第八「像想觀」提供了理論依據，也是整個十六觀的核心內容。

**見此事已，復當更作一大蓮華，在佛左邊；如前蓮華，等無有異。復作一大蓮華，在佛右邊。想一觀世音菩薩像，坐左華座。亦作金色，如前無異。想一大勢至菩薩像，坐右華座。此想成時，佛菩薩像皆放光明。其光金色，照諸寶樹。一一樹下，亦有三蓮華，諸蓮華上，各有一佛二菩薩像，遍滿彼國。**

譯文

觀無量壽佛成功後，就應當進一步觀想無量壽佛左邊的那朵大蓮花，所有的觀想應當跟上面所觀想的蓮花一樣，沒有任何差異；然後再觀想佛右邊的那朵大蓮花。觀想有一尊觀世音菩薩像坐在佛左邊的蓮花座上，其色如前面所觀想的一樣，是金色的；再觀想有一尊大勢至菩薩像坐在佛右邊的蓮花座上。此觀想成功時，佛與菩薩像均放出金光，照射在許多百寶樹上。每一棵寶樹下，都有三朵蓮花，每一朵蓮花上面，又各有一佛兩大菩薩像。如此觀想，無數的蓮花座上一佛二菩薩像佈滿整個阿彌陀佛國土。

## 賞析與點評

《勅修百丈清規》云：「其闔院大眾朝參夕聚，長老上堂陞座主事，徒眾雁立側聆，賓主問酬激揚宗要者，示依法而住也。」（T48.1158a14-16）禪門大眾經常聚集在一起，探討悟道、弘法等事宜。西方極樂世界一佛二菩薩組合成一個安穩的團隊，這真實地反映了佛門強調以團隊精神修行與弘法的情形。

此想成時，行者當聞水流光明，及諸寶樹，鳧、雁、鴛鴦[1]，皆說妙法。出定入定，恒聞妙法。行者所聞，出定之時，憶持[2]不捨，令與修多羅[3]合。若不合者，名為妄想。若與合者，名為麤想見極樂世界。是為像想，名第八觀。作是觀者，除無量億劫生死之罪；於現身中得念佛三昧。

注釋

1 鳧、鴈、鴛鴦：指有情説法。鳧的形狀像鴨，即野鴨；雁的形狀像鵝；鴛鴦，雄的叫鴛，雌的叫鴦。這三種鳥都喜歡近水。2 憶持：記住，不忘掉。3 修多羅：即契經。契，合，符合。有兩種説法：一是合一切法的義理；一是合一切眾生的根機。經，也有兩種説法：一是貫穿一切法；一是攝持一切法。

譯文

此觀想成功後，修行者會聽到寶池裏潺潺的流水聲，水中放出萬道霞光。池岸上寶樹成行，鳧、雁、鴛鴦在池中自由自在遊玩，各種聲音都在演説佛的妙法。修行者入定出定，無時無刻都能聽到妙法。修行者在出定之時，也要憶念觀想中所見所聞，並要時刻牢記，其意境一定要與佛經相契合。假若有違佛經，就是妄想。若與佛經、佛理相符合，就能通過觀想，粗略見到極樂世界。這就是對聖像的觀想，列為第八觀。作此觀想的修行者，能除去無量億劫生死之罪，於現在此身中，得念佛三昧，心定不亂。

賞析與點評

觀聖像（第八觀）是觀真佛之前奏：先觀想一閻浮檀金色佛像坐蓮花上，左觀音、右勢至，兩大菩薩像侍於兩旁，各放金光。觀佛相，相現心中，此心即具佛之相好，故云：「諸佛如來，是法界身，入一切眾生心想中。」這令修行者自然過渡到第九真身觀。

**佛告阿難及韋提希：此想成已，次當更觀無量壽佛身相光明。阿難當知：無量壽佛，身如百千萬億夜摩天閻浮檀金色。佛身高六十萬億那由他恒河沙由旬。眉間白毫，右旋宛轉，如五須彌山。佛眼如四大海水，青白分明。身諸毛孔，演出光明，如須彌山。彼佛圓光，如百億三千大千世界。於圓光中，有百萬億那由他恒河沙化佛。一一化佛，亦有眾多無數化菩薩[1]，以為侍者。**

**無量壽佛有八萬四千相；一一相中，各有八萬四千隨形好；一一好中，復有八萬四千光明。一一光明，遍照十方世界念佛眾生，攝取不捨[2]。其光相好，及與化佛，不可具說。但當憶想，令心眼見。**

注釋　1 化佛、化菩薩：神通變化出來的佛、菩薩。2 不捨：不放棄。佛念眾生，如母憶子，其光遍照十方世界念佛眾生，攝取不捨，是知眾生一念念佛，常在我佛大慈悲光中，坐臥住行，絲毫不隔。

**譯文**

佛陀告訴阿難及韋提希：觀想一佛二菩薩聖像成功後，就應該觀想無量壽佛真身的光明。阿難你應當知道：無量壽佛之真身，如百千萬億夜摩天，閻浮檀金色，佛身高六十萬億那由他恒河沙由旬，佛身無量，非凡夫之力所能及。無量壽佛兩眉中間，有一根白毫，右旋宛轉，其狀如珠，有五座須彌山那麼大。佛眼清淨，如同四個大海那樣浩瀚，且黑白分明。佛身諸毛孔散發出無限光明，如須彌山。佛頭頂放出像車輪那樣的圓光，圓光如同百億三千大千世界。在圓光中，又有百萬億那由他恒河沙那樣多的化佛，每一尊化佛的左右，又有無數化菩薩做侍者。無量壽佛有八萬四千相；每一相中，各自又有八萬四千種隨形好；每一隨形好中，又有八萬四千種光明；每一光明都可以遍照十方世界，讓念佛的眾生常在佛的光明中，攝取不捨。其光相好及光明中的化佛，不可言盡。惟有一心一意地觀想，才可以令心眼打開，從心的觀想中一一明見。

**賞析與點評**

一燈能除千年暗，一智能滅萬年愚。

——《六祖壇經》

佛家常以黑暗比喻愚昧無知，以光明比喻智慧。無論地宮已黑暗多少年，一旦光線射入，即能驅散黑暗；同理，一個人愚昧無知就會煩惱不斷，一旦智慧生起，便能立即化解煩惱，獲得解脱。本段講述阿彌陀佛身光明無量，其意為阿彌陀佛擁有無限的智慧，幫助人們化解煩惱，脱離苦海。這是第九觀——「真身觀」的核心內容。

**見此事者，即見十方一切諸佛。以見諸佛故，名念佛三昧。作是觀者，名觀一切佛身。以觀佛身故，亦見佛心。佛心者，大慈悲是。以無緣慈攝諸眾生。作此觀者，捨身他世，生諸佛前，得無生忍。是故智者應當繫心[1]諦觀無量壽佛。**

注釋

1 繫心：縛住這個心，不放它散到別處去。

譯文

修行者打開心眼能見到相好光明的無量壽佛，也就能見到淨土十方諸佛。能見到諸佛真身，就能成就念佛三昧。修行者如能作此觀想，也就是能觀一切佛的真身；因為能觀佛的真身，也就能見佛心。佛心是甚麼呢？就是大慈悲心。佛以無緣慈來攝護一切眾生。修無緣慈觀的人，得上品上生，命終能在諸佛前往生，得到無生法忍。所以能修得此觀的智者，應當全心全意觀無量壽佛。

觀無量壽佛者，從一相好入。但觀眉間白毫，極令明了。見眉間白毫相者，八萬四千相好，自然當現。見無量壽佛者，即見十方無量諸佛。得見無量諸佛故，諸佛現前授記[1]。是為遍觀一切色身相，名第九觀。作是觀者，名為正觀。若他觀者，名為邪觀。

注釋

1 授記：依據修行的程度，佛於大眾前，預言修行人成佛後的名號、成佛後的國土和救度的眾生。

譯文

所以，修行者觀想無量壽佛的要領是：先從佛的一相好觀起，觀時又必須從佛相眉間的白毫開始，一直觀想到明明白白、清清楚楚。若能通過觀想見到佛眉間的白毫相，則佛的八萬四千相好就能自然而然浮現眼前；若能見到無量壽佛，就能見到十方無量的一切諸佛；因為得見無量諸佛，一切諸佛都會顯現在這個修行者的眼前，佛會在大眾前為他授記。這就是對一切佛的色身相的觀想，叫第九觀。作如此觀想的，叫正觀。若不是如此觀想，名為邪觀。

賞析與點評

觀像與觀佛真身（第九觀）是兩個不同層次的修行。第九真身觀直接觀無量壽佛相好光明，慈光如同太陽，遍照十方世界，攝收一切眾生。不作觀想的人，如同見不到太陽的盲人，無法感知佛的存在。而作觀想者，與佛光相應，即見阿彌陀佛，往生淨土，證無生法忍。

**佛告阿難及韋提希：見無量壽佛了了分明已，次亦應觀觀世音菩薩。此菩薩身長八十萬億那由他由旬。身紫金色。頂有肉髻[1]。項有圓光，面各百千由旬。其圓光中，有五百化佛，如釋迦牟尼。一一化佛，有五百化菩薩，無量諸天，以為侍者。舉身[2]光中，五道眾生，一切色相，皆於中現。頂上毘楞伽摩尼寶以為天冠。其天冠中，有一立化佛，高二十五由旬。**

注釋

1 肉髻：因骨肉隆起，其形如髻，故稱肉髻，乃尊貴之相，是佛三十二相之一。2 舉身：全身。

譯文

佛陀告訴阿難及韋提希：觀想看見了無量壽佛了了分明之後，接下來應該觀想觀世音菩薩。觀世音菩薩身長八十萬億那由他由旬，身上發出紫金色，頭頂上有肉髻，頸項亦有圓光環繞，每一面圓光都有百千由旬那麼大。在這些圓光中，和釋迦牟尼一樣，有五百化佛，每一個化佛都有五百個化菩薩和無數諸天作為其侍者。在菩薩的通身大光明中，五道眾生的一切色相，都在其中出現。觀世音菩薩頭頂上用毘楞伽摩尼寶所製的天冠中，有一個站立的化佛，高二十五由旬。

## 賞析與點評

在觀音觀（第十觀）中，觀音菩薩周身的光明裏不僅有化佛和化菩薩，而且有五道眾生（天、人、畜生、餓鬼、地獄）。後來修羅一道從天道中分離出來，而成六道，以此表明觀音菩薩與娑婆世界六道眾生特別有緣，救苦救難。這是第十觀——觀音觀的特點。

觀世音菩薩，面如閻浮檀金色。眉間毫相，備七寶色，流出八萬四千種光明；一一光明，有無量無數百千化佛；一一化佛，無數化菩薩以為侍者。變現自在，滿十方界。臂如紅蓮花色。有八十億微妙光明，以為瓔珞。其瓔珞中，普現一切諸莊嚴事。

譯文　觀世音菩薩的臉部現閻浮檀金色，眉間的毫相具有七寶之色，發出八萬四千種光明；每一道光中，各有百千化佛；每一尊化佛，又各有無數的化菩薩作為侍者。所有的聖眾都顯現觀世音菩薩相，佈滿十方世界。觀世音菩薩的手臂如紅蓮花色，發出八十億道奇妙的光，這種光明又能變化成瓔珞。瓔珞中現一切珍寶，莊嚴着觀世音菩薩。

手掌作五百億雜蓮華色。手十指端，一一指端，有八萬四千畫，猶如印文。一一畫，有八萬四千色；一一色，有八萬四千光。其光柔軟，普照一切。以此寶手，接引眾生。舉足時，足下有千輻輪相，自然化成五百億光明臺。下足時，有金剛摩尼花布散一切，莫不彌滿。其餘身相，眾好具足，如佛無異。唯頂上肉髻，及無見頂相，不及世尊。是為觀觀世音菩薩真實色身[1]相，名第十觀。

注釋　1 色身：有形的身體，即應身。

譯文

觀世音菩薩的手心，有五百億各種顏色的蓮花。在十個手指尖，各有八萬四千幅天畫，就好像印文；每一幅畫，都有八萬四千種顏色；每一種顏色，又各有八萬四千種光。那些光非常柔和，普照一切。觀世音菩薩用其寶手接引眾生到極樂世界去。觀世音菩薩舉足行走的時候，足下有千輻輪，自然而然化成五百億座光明臺。其足放下去的時候，又有金剛摩尼花，散滿十方。觀世音菩薩其餘身相，也都具足各種相好，就如同佛一樣，只有頂上的肉髻和無見頂二相，不及世尊。這就是觀想觀世音菩薩真實色身相，名為第十觀。

佛告阿難：若欲觀觀世音菩薩，當作是觀。作是觀者，不遇諸禍，淨除業障。除無數劫生死之罪。如此菩薩，但聞其名，獲無量福，何況諦觀。若有欲觀觀世音菩薩者，先觀頂上肉髻，次觀天冠；其餘眾相，亦次第觀之。悉令明了，如觀掌中。作是觀者，名為正觀。若他觀者，名為邪觀。

譯文

佛陀告訴阿難：修行者若要觀想見到觀世音菩薩，應當作以上觀想。作這種觀想的人，不會遭遇到橫禍，能清淨滅除各種業障，也能免除無數劫的生死之罪。像觀世音菩薩這樣的大菩薩，僅僅聞其名，就能夠獲得無數福報，何況是能諦觀見其真身。修行者若要觀想看見觀世音菩薩，應先觀想見其頂上的肉髻，其次再觀想見到其天冠，而其餘各種身相，也宜按照順序一一觀想見到，令其清楚明了，如同觀掌中之物。作如此觀想，名為正觀。若作他種觀想，名為邪觀。

**次觀大勢至菩薩：此菩薩，身量大小，亦如觀世音。圓光面各百二十五由旬，照二百五十由旬。舉身光明，照十方國，作紫金色。有緣眾生，皆悉得見。但見此菩薩一個毛孔光，即見十方無量諸佛淨妙光明。是故號此菩薩名無邊光。以智慧光普照一切，令離三塗[1]，得無上力，是故號此菩薩名大勢至。**

注釋

1 三塗：地獄、餓鬼、畜生三種惡道。

譯文

再接下來，修行者應觀想大勢至菩薩。大勢至菩薩身量大小與觀世音菩薩相同。頭頂上的圓光，每一面各有一百二十五由旬，可以照到二百五十由旬那麼遠。全身發出紫金色的光明，可照遍十方國土。有緣眾生，都能見到。只要能看見此菩薩身上任何一毛孔發出的光，就能看到十方無量諸佛的淨妙光明。所以此菩薩名為無邊光。大勢至菩薩以智慧之光普照一切眾生，拔除一切痛苦，使他們遠離地獄、餓鬼、畜生三惡道，有無上大威力。因此，此菩薩的德號為大勢至。

**此菩薩天冠，有五百寶蓮華。一一寶華，有五百寶臺。一一臺中，十方諸佛淨妙國土廣長之相，皆於中現。頂上肉髻，如缽頭摩花[1]。於肉髻上，有一寶瓶，盛諸光明，普現佛事[2]。餘諸身相，如觀世音等無有異。**

注釋

1 缽頭摩（paduma）：赤蓮花、紅蓮花。2 佛事：佛、菩薩所做教化眾生的一切事情。

譯文

大勢至菩薩的天冠裝飾着五百朵寶蓮花，每一朵有五百個寶臺；每一個寶臺中，都顯現出十方一切諸佛淨妙國土之廣大妙境。菩薩頭頂上的肉髻，如赤色的蓮花。在肉髻上，有一個寶瓶，充滿各種各樣的光明，將佛菩薩所做教化眾生的一切事情呈現出來。大勢至菩薩其餘各種身相，如同觀世音菩薩一樣，沒有任何差別。

**此菩薩行時，十方世界，一切震動。當地動處，各有五百億寶花。一一寶**

花，莊嚴高顯，如極樂世界。此菩薩坐時，七寶國土，一時動搖。從下方金光佛剎，乃至上方光明王佛剎，於其中間，無量塵數分身無量壽佛，分身觀世音、大勢至，皆悉雲集極樂國土，叆塞[1]空中，坐蓮華座，演說妙法，度苦眾生。

作此觀者，名為觀見大勢至菩薩。是為觀大勢至色身相，名第十一觀。觀此菩薩者，除無數劫阿僧祇生死之罪。作是觀者，不處胞胎[2]，常遊諸佛淨妙國土。此觀成已，名為具足觀觀世音及大勢至。作是觀者，名為正觀。若他觀者，名為邪觀。

注釋

1 叆塞：周遍滿足。叆，遍滿。2 不處胞胎：生佛淨土，蓮花化生，永絕胎生之生死苦。

譯文

大勢至菩薩行動之時，十方世界，一切震動。大地震動之處，會有五百億朵寶花出現：每一朵寶花，莊嚴高潔，就如同極樂世界中的一樣。大勢至菩薩坐下來時，七寶國土，一瞬間都會動搖。從下方的金光佛地到上方的光明王佛地的中間，有無數的化身無量壽佛，化身觀世音和大勢至菩薩，都雲集在極樂國土，佈滿空中，坐在蓮花座上，演說妙法，救度受苦的眾生。

這樣的觀想稱為觀見大勢至菩薩，可觀見大勢至色身相，名第十一觀。能觀見此菩薩者，就能免除無數阿僧祇劫生死之罪。凡是能作此觀的修行者，能脫離娑婆世界之苦，生佛淨土，寶蓮孕質，不會再處於投胎轉世之中，常常遨遊於諸佛的淨妙國土。此觀想若能成就，就是具足的觀想，能清楚看見觀世音和大勢至兩大菩薩。修行者若能如上所述觀想，叫作正觀。若不如此觀想，就叫作邪觀。

## 賞析與點評

地震時的地動山搖，令人恐懼；而大勢至菩薩走路時，「十方世界，一切震動」，這種震動指眾生心靈的震動，即大勢至菩薩以般若智慧破除眾生心靈深處的煩惱惑，心魔震動。據《大乘寶要義論》記載，大迦葉受佛點化，皈依佛門，發大菩提心度眾生時，「魔宮震動，一切天魔咸生恐慄」。很顯然，菩薩度眾，修行人多一個，魔子魔孫少一個，魔宮自然會震動。故《思益經》云：「我投足一處，震動大千，及魔宮殿，故名得大勢。」

佛告阿難及韋提希：見此事時，當起想作心自見生於西方極樂世界，於蓮華中，結跏趺坐；作蓮華合想，作蓮華開想；蓮華開時，有五百色光來照身想；眼目開想，見佛菩薩滿虛空中，水鳥樹林，及與諸佛所出音聲，皆演妙法，與十二部經[1]合。若出定之時，憶持不失，見此事已，名見無量壽佛極樂世界。是為普觀想，名第十二觀。無量壽佛化身無數，與觀世音及大勢至，常來至此行人之所。

注釋

1 十二部經：佛說經分為十二類：長行、重頌、孤起、譬喻、因緣、無問自說、本生、本事、未曾有、方廣、論議、授記。

譯文

佛陀告訴阿難及韋提希：修行者第十一觀成就時，心中應生起自己誠心求生西方極樂世界之想：於蓮花中結跏趺而坐，作蓮花開、合之想。觀想蓮花開時，有五百種顏色的光照在自己身上。睜開眼時，則見佛菩薩佈滿虛空中，水、鳥、樹林以及諸佛菩薩所發出的聲音，都在開示演說妙法，這一切都與十二部經相契合。出定的時候，也要牢記受持並保持不忘失。觀想看見此事後，名為見無量壽佛極樂世界，這就是普觀想，名為第十二觀。無量壽佛化身無數，並常與觀世音及大勢至兩大菩薩來到修行者當中度化眾生。

佛告阿難及韋提希：若欲至心生西方者，先當觀於一丈六像，在池水上。如先所說，無量壽佛身量無邊，非是凡夫心力所及。然彼如來宿願力故，有憶想者，必得成就。但想佛像，得無量福，況復觀佛具足身相？

譯文

佛陀告訴阿難和韋提希：若有人發至誠之心要往生西方極樂世界，應當先觀想池水上一丈六高的佛像。對凡夫而言，要觀想看見前面所說的無量無邊身相的無量壽佛，並非易事。所以佛陀用善巧方便之法，讓凡夫先觀想一丈六尺的佛像，然後再逐步深入觀想。但是，因為有阿彌陀佛願力加持的緣故，有恒心的修行者，必定能得以成就。其實只要去觀想佛像，就能得到無量福報，更何況是觀想見到阿彌陀佛具足的身相？

阿彌陀佛神通如意，於十方國變現自在。或現大身滿虛空中，或現小身丈六、八尺。所現之形，皆真金色。圓光化佛及寶蓮華，如上所說。觀世音菩薩及大勢至，於一切處，身同眾生。但觀首相，知是觀世音，知是大勢至。此二菩薩，助阿彌陀佛普化一切。是為雜想觀，名第十三觀。作是觀者，名為正觀。若他觀者，名為邪觀。

## 譯文

觀阿彌陀佛神通如意，自在無礙，於十方國土中，隨意變化。或顯極大身量，佈滿虛空之中；或顯極小身量，不過一丈六尺至一丈八尺。所現之身形，無論大小，皆金色真身。佛頭頂上圓光中的化佛和佛的寶蓮座的形狀，如前所述。接下來應觀觀世音菩薩和大勢至菩薩，遍於一切當中，並且為了方便度化不同的眾生，兩大菩薩在眾生當中的身軀大小也如同普通眾生。辨別兩大菩薩的唯一方法是觀其首相，根據他們首相的不同，知道誰是觀世音菩薩，誰是大勢至菩薩。他倆幫助阿彌陀佛普化一切眾生。這就是雜觀想，名第十三觀。修行者若能如上述觀想，叫作正觀。若不如此觀想，就叫作邪觀。

## 賞析與點評

在第九觀——「真身觀」中，「佛身高六十萬億那由他恒河沙由旬」，這是阿彌陀佛的法身，普通人難以想像。而第十三觀——「雜想觀」中，阿彌陀佛丈六八尺的應化身，常人可以理解、接受。「雜想觀」因而成為從西方極樂世界回到人間的轉折點，為以下凡人三輩九品往生作鋪墊。

# 五、三輩九品往生觀

本節導讀——

死亡，對一般人來說，是恐懼而痛苦之事，而對相信三世輪迴的人來說，卻是新生命的開始，法身慧命誕生的輝煌時刻，因而可以做到視死如歸，笑談生死。種甚麼因，得相應的果，這是因果報應的基本法則。依據一個人前世的業障、今世的所作所為，往生西方極樂世界的情形因而有上、中、下三輩之不同。每輩中又可分為上、中、下三品，因而有九種不同的方式往生到西方極樂世界：上品上生、上品中生、上品下生、中品上生、中品中生、中品下生、下品上生、下品中生、下品下生。無論以何種方式往生西方極樂世界，有一點是共同的：他們都會是蓮花化生，所以有「九品蓮花」之說。

佛告阿難及韋提希：凡生西方有九品人。上品上生者：若有眾生願生彼國者，發三種心，即便往生。何等為三？一者至誠心，二者深心，三者迴向發願心。具三心者，必生彼國。

復有三種眾生，當得往生。何等為三？一者慈心不殺，具諸戒行；二者讀誦大乘方等經典；三者修行六念[1]，迴向發願，願生彼國。具此功德，一日乃至七日，即得往生。

生彼國時，此人精進勇猛故，阿彌陀如來，與觀世音及大勢至、無數化佛、百千比丘聲聞大眾、無量諸天，七寶宮殿，觀世音菩薩執金剛臺，與大勢至菩薩至行者前，阿彌陀佛放大光明，照行者身，與諸菩薩授手迎接。觀世音、大勢至與無數菩薩，讚歎行者，勸進其心。行者見已，歡喜踴躍，自見其身乘金剛臺，隨從佛後，如彈指頃，往生彼國。

生彼國已，見佛色身眾相具足；見諸菩薩色相具足。光明、寶林，演說妙法。聞已，即悟無生法忍。經須臾間，歷事諸佛，遍十方界。於諸佛前，次第授記，還至本國，得無量百千陀羅尼門。是名上品上生者。

注釋　1　念：念佛、念法、念僧、念戒、念施、念天。

## 譯文

佛陀告訴阿難及韋提希：能往生西方的，共分為九品人。怎樣才能獲得上品上生呢？若有眾生希望往生到極樂世界，只要發三種願心就可以往生了。那三心是甚麼呢？第一發至誠往生之心；第二發無畏心，求解大乘第一義往生淨土之心；第三發迴向功德求生淨土之心。具備這三種願心的修行者，一定能夠往生到極樂世界去。

發以上所說三種心的人，一定能夠往生極樂世界。另外，若有眾生齊修如下三種行業，也可往生。第一有慈悲心，不殺害生命，完全守持種種戒法；第二讀誦學習大乘佛法；第三修行六念：念佛、念法、念僧、念戒、念施、念天。然後還要把所修的三種功德迴向眾生，發願往生極樂世界。具備以上三種功德的修行者，一至七日間，都能往生極樂國土。

往生阿彌陀國淨土時，此人因為精進勇猛的緣故，阿彌陀如來與觀世音、大勢至、無數的化佛、百千位比丘及聲聞大眾、無量諸天隨七寶宮殿而來。觀世音菩薩帶着金剛臺，與大勢至菩薩一起，來到修行往生者的面前。阿彌陀佛會大放光明，照亮往生者的身軀，並與諸菩薩一同伸出手來迎接。觀世音、大勢至與無數的菩薩，讚歎往生者，鼓舞其心。往生者看見後歡喜雀躍，並且看見自己的身軀坐在金剛臺上，跟隨阿彌陀佛，就在彈指間往生極樂國土。

修行者往生極樂國土後，能親眼看見阿彌陀佛和諸菩薩具足的真身相，也能見到和聽到他們在光明中、在寶林中演說妙法。往生者聽聞之後，即證得無生法忍之果，瞬間就能拜訪十方世界一切諸佛菩薩，並於諸佛前次第授記，然後回到本國土，即能通達無量法門，此為上品上生。

## 賞析與點評

第十四觀是上輩觀。修此觀法有五個要領：發菩提心，即發大乘心；解第一義，即解大乘義；修行諸行，即修大乘行；深信因果，即起大乘信；迴向往生，發大乘願。若具備以上五個要素，便獲得上品上生的資格；若五中缺一（缺解大乘義），可獲得上品中生的資格；若五中缺二（缺解大乘義和修大乘行），可獲得上品下生的資格。由此可知，發菩提心是上三品往生之基石；若缺少菩提心，絕對不可能獲得上輩往生的資格。

在上三品中，第一品——「上品上生」救度對象是通曉大乘佛法、持戒精嚴的出家眾。

**上品中生者：不必受持讀誦方等經典。善解義趣，於第一義[1]心不驚動；深**

**信因果；不謗大乘；以此功德，迴向願求生極樂國。**

注釋

1 第一義：無上甚深之妙理，通達諸法畢竟空寂。

譯文

所謂上品中生：不一定受持、讀誦各種大乘經典，但能於經中取一句一偈，深窮其義趣，了達一切諸法均是以空寂為第一義，心中不狐疑，深信因緣果報，不譭謗大乘佛法，以此功德，希望求生西方極樂國土。

**行此行者，命欲終時，阿彌陀佛與觀世音、大勢至、無量大眾，眷屬圍繞，持紫金臺，至行者前，讚言：法子！汝行大乘，解第一義，是故我今來迎接汝！與千化佛一時授手。行者自見坐紫金臺，合掌叉手，讚歎諸佛。如一念頃，即生彼國七寶池中。**

譯文

以這樣方法修行的人，其命終時，阿彌陀佛與觀世音、大勢至、無量大眾，眷屬圍繞，持紫金臺，來到此往生者的面前，稱讚說：法王子啊！你修習大乘佛法，了解其中第一要義，所以我今天來迎接你。成百上千化佛即時伸手接引。這時往生者看見自己坐在紫金臺上，合掌讚歎諸佛。只在一念之間，就往生到極樂國土的七寶池中。

**此紫金臺，如大寶花，經宿則開。行者身作紫磨金色，足下亦有七寶蓮華。佛及菩薩，俱時放光，照行者身，目即開明；因前宿習，普聞眾聲，純說甚深第一義諦。即下金臺，禮佛、合掌，讚歎世尊。**

譯文

這座紫金臺就好像大寶蓮花，經過一個晚上就會開啟。此往生者身上的顏色呈紫磨金色，腳踏七寶蓮花。而佛及菩薩同時放光，光芒照耀在往生者的身上，往生者的雙目立即張開。因為這一個晚上的修習，遍聞各種聲音都在解說深妙的第一義諦。往生者即時就下了金臺，合掌禮佛，讚歎世尊。

**經於七日，應時即於阿耨多羅三藐三菩提，得不退轉**[1]**。應時即能飛行，遍至十方，歷事諸佛。於諸佛所，修諸三昧。經一小劫，得無生忍。現前授記。是名**

**上品中生者。**

注釋　1 不退轉（Arinivarta-niya）：生到極樂世界，內無煩惱，外無魔障，一路修到佛果，中途不會出現退轉反覆的現象。

譯文　再經過七日，就可證得阿耨多羅三藐三菩提，所修功德不退失和轉變，並立時能飛行遍至十方世界，拜訪諸佛菩薩。並於諸佛所在的處所，修習諸法三昧，經過一小劫，得到無生法忍，現前授記，此稱為上品中生者。

**上品下生者：亦信因果，不謗大乘，但發無上道心。以此功德，迴向願求生極樂國。行者命欲終時，阿彌陀佛及觀世音、大勢至，與諸眷屬，持金蓮華，化作五百佛，來迎此人。五百化佛，一時授手。讚言：法子！汝今清淨，發無上道心，我來迎汝！見此事時，即自見身坐金蓮華。坐已，華合。隨世尊後，即得往生七寶池中。**

譯文　而上品下生的修行者相信因果，不譭謗大乘佛法，亦有發無上的道心，並以此功德作迴向，希望求生極樂國土。此人命欲終時，阿彌陀佛及觀世音、大勢至與諸菩薩，會持金蓮花，化作五百化佛，來迎接此人。此五百化佛伸手接引，並稱讚說：「法王子啊！你今天非常清淨，發無上的道心，所以我來迎接你。」往生者看見此景，就看見自己坐在金蓮花上，坐好之後金蓮花就合起來。他跟隨在世尊的後面，往生到極樂國的七寶池中。

**一日一夜，蓮華乃開。七日之中，乃得見佛。雖見佛身於眾相好，心不明了。於三七日後，乃了了見。聞眾音聲，皆演妙法。遊歷十方，供養諸佛。於諸佛前，聞甚深法。經三小劫，得百法明門，住歡喜地[1]。是名上品下生者。是名上輩生想，名第十四觀。**

注釋

1 歡喜地：菩薩修行五十二階位之第四十一位，十地之初地，能成就自利利他之行，心多生歡喜，故稱歡喜地。

譯文

經過一日一夜，蓮花才能開啟。七日之後，往生者才能看見佛的真身。雖看見佛真身的所有身相美好，但所見朦朧，心仍不明了，二十一日後，才能清楚看見。

往生者能聽到各種各樣的聲音，都在演說妙法。雖然能遊歷十方淨土，但沒有供養諸佛，只能在諸佛前，聽聞甚深的妙法。經過三小劫，才得以開啟百法之智慧明門，住在歡喜地。此為上品下生者。以上所說的三種是上品的觀想，名為第十四觀。

**佛告阿難及韋提希：中品上生者：若有眾生，受持五戒，持八戒齋，修行諸戒，不造五逆[1]，無眾過惡。以此善根，迴向願求生於西方極樂世界。**

**注釋**

1 五逆：殺父、殺母、殺害阿羅漢、破壞僧眾、出佛身血，犯這種罪的人，都要墮落到無間地獄去的，所以稱作逆。

**譯文**

佛陀告訴阿難及韋提希：中品上生者，假若有眾生，受持五戒，修持八關戒齋，或修行其他諸戒，不作五逆之罪，沒有犯許多過錯，以這些善根迴向眾生並願意求生於西方極樂世界。

賞析與點評

第十五觀是「中輩往生觀」，攝四果聲聞眾，分上、中、下三品。其中，第四品——「中品上生」救度的對象主要是持戒無犯、修諸功德的在家眾。

**中品中生者：若有眾生，若一日一夜持八戒齋，若一日一夜持沙彌戒，若一日一夜持具足戒，威儀無缺。以此功德，迴向願求生極樂國，戒香熏修。**

譯文

所謂中品中生：若有眾生僅一日一夜持八關齋戒，或一日一夜持沙彌戒，或一日一夜持具足戒，威儀沒有缺失。以此功德，迴向發願求生極樂國土。持戒淨業，以求淨報，戒香熏修。

賞析與點評

第五品——「中品中生」救度的對象是小乘凡夫，曾一日一夜持八戒齋，或一日一夜持沙彌戒，或一日一夜持具足戒，威儀無缺。

中品下生者：若有善男子、善女人，孝養父母，行世仁慈。此人命欲終時，遇善知識[1]，為其廣說阿彌陀佛國土樂事；亦說法藏比丘四十八願。聞此事已，尋即命終，譬如壯士屈伸臂頃，即生西方極樂世界。經七日已，遇觀世音及大勢至，聞法歡喜，得須陀洹。過一小劫，成阿羅漢。是名中品下生者。是名中輩生想，名第十五觀。

注釋

1 善知識（kalyāṇamitra）：正直而有德行，並能教人行正道的人。

譯文

中品下生者：若有善男子善女人，孝養父母，踐行世間仁慈。此人命欲終時，遇到善知識，為他大量講解阿彌陀佛國土的一些樂事，也說到法藏比丘的四十八願。聞此事後，隨即命終。就如同壯士伸出手臂的片刻，即往生西方極樂世界。經過七日之後，往生者能遇見觀世音及大勢至兩大菩薩，聽佛法心生歡喜，而證得須陀洹果。經過一小劫後，成阿羅漢，此為中品下生者。以上所說的三種是中品的觀想，為第十五觀。

## 賞析與點評

第六品——「中品下生」救度的對象是普通善人，生前嚴守戒律，奉公守法，孝養父母，博施濟眾，積德行善，本應投胎為人，臨終若得善知識開導，便能往生到極樂世界。值得注意的是，從第六品——「中品下生」至第九品——「下品下生」的人，都有一個共同的特徵：他們在生命將盡時，若遇到善知識開導，一念之間向善，臨終時願意往生西方極樂世界，念誦阿彌陀佛的名號，才有可能往生極樂淨土。

**佛告阿難及韋提希：下品上生者：或有眾生，作眾惡業。雖不誹謗方等經典，如此愚人，多造惡法，無有慚愧。命欲終時，遇善知識，為讚大乘十二部經首題名字。以聞如是諸經名故，除卻千劫極重惡業。智者復教合掌叉手，稱南無[1]阿彌陀佛。稱佛名故，除五十億劫生死之罪。**

注釋

1 南無（nama）：歸命，把自己的身命歸託給佛菩薩。

譯文

佛陀告訴阿難及韋提希：下品上生者：若有眾生做下各種惡業，雖然未誹謗經典，但像這樣無知的人，對所作之惡行沒有任何的慚愧。生命要終了時，遇到善知識，為往生者演說大乘十二部經典的名稱，因為聽聞這些經典名稱的緣故，除去了千劫的極重惡業。為該往生者演說這些經典名稱的智者又教其合掌叉手，稱念南無阿彌陀佛。由於稱念佛名的緣故，又除去了五十億劫生死之罪。

## 賞析與點評

第十六品「下輩往生」的眾生，因愚昧無知而作惡，且沒有任何慚愧心。又可分為上、中、下三品。其中，第七品——「下品上生」救度的對象是生前偶爾作惡而無反思能力之人，本應墮畜生、餓鬼之道，臨終時遇善知識開導，生慚愧心，一念之間向善，也能往生極樂淨土。

佛告阿難及韋提希：下品中生者：或有眾生，毀犯五戒、八戒及具足戒；如此愚人，偷僧祇物，盜現前僧物[1]；不淨說法[2]，無有慚愧。以諸惡業而自莊嚴。如此罪人，以惡業故，應墮地獄。命欲終時，地獄眾火，一時俱至。遇善知識，以大慈悲，即為讚說阿彌陀佛十力威德，廣讚彼佛光明、神力，亦讚戒、定、慧、解脫、解脫知見。

注釋

1 現前僧物：僧物有四種，即常住常住物、十方常住物、現前現前物、十方現前物。前兩種為「僧衹物」，後兩種為現前僧物，主要指僧人私有財產和亡僧遺物。2 不淨說法：別有企圖，說虛妄語，令人生信，其目的是貪圖美名、財物。

譯文

佛陀告訴阿難及韋提希：下品中生者：若有眾生，毀犯五戒、八戒及具足戒，像這樣無知的人，會去偷佛、僧的物品，也會去盜現前的僧物，會說一些不淨的話，心中沒有任何慚愧，並且以作這些惡業而洋洋得意。這樣的罪人，以這些惡業的緣故，按理應墮入地獄，其命欲終了時，地獄各種惡火，立即就會來到。如果此時遇到善知識，以大慈悲心，為其廣為稱讚演說阿彌陀佛十力威德及阿彌陀佛光明的神力，並且稱讚戒、定、慧、解脫的各種知見。

此人聞已，除八十億劫生死之罪。地獄猛火，化為清涼風，吹諸天華。華上皆有化佛菩薩，迎接此人。如一念頃，即得往生七寶池中蓮華之內。經於六劫，蓮華乃敷。觀世音、大勢至以梵音聲[1]，安慰彼人，為說大乘甚深經典。聞此法已，應時即發無上道心。是名下品中生者。

**注釋**

1 梵音聲：正直、和雅、清澈、悠揚的天籟之音。

**譯文**

此人聽聞後，就除去八十億劫生死之罪。各種地獄猛火此刻亦化為清涼風，並吹起各種天花，花上都有化佛、化菩薩，來迎接此往生者。就在一剎那之間，即得以往生七寶池中蓮花之內。經過六劫後，蓮花才得以開啟。觀世音、大勢至兩大菩薩，以梵音聲來安慰此往生者，為其演說大乘深妙經典。聽聞此法後，往生者即時發無上道心。此名為下品中生者。

## 賞析與點評

第八品——「下品中生」救度的對象多為貪名利、破淨戒的出家五眾。若有人臨終時，面對地獄景象，心生恐懼，得大善知識開導，悔過向善，念阿彌陀佛的名號，也能往生極樂淨土。只因這些人罪業較重，須在閉合的蓮花中經歷六劫，蓮花才能開啟。

**佛告阿難及韋提希：下品下生者：或有眾生，作不善業，五逆、十惡，具諸不善。如此愚人，以惡業故，應墮惡道，經歷多劫，受苦無窮。**

譯文

佛陀告訴阿難及韋提希：下品下生者：若有眾生，作各種不善之業，犯下五逆、十惡之罪，具備各種不善之業，這樣的愚人，因為各種惡業的緣故，應墮入惡道之中，會經歷很多劫，受無窮的苦。

**如此愚人，臨命終時，遇善知識，種種安慰，為說妙法，教令念佛。彼人苦逼，不遑[1]念佛，善友告言：汝若不能念彼佛者，應稱無量壽佛。如是至心，令聲不絕，具足十念，稱「南無阿彌陀佛」。稱佛名故，於念念中，除八十億劫生死之罪。**

注釋

1 不遑：心思慌亂，來不及念。

譯文

像這樣的愚人，臨終時若遇到善知識，作種種的安慰，為他演說妙法，教導此往生者念阿彌陀佛。但此人受各種惡業之苦所逼，念不出佛聲。此善友就說：你若不能念阿彌陀佛，應稱念無量壽佛。如此至心誠懇，令其聲音不絕，具足十念，稱「南無阿彌陀佛」，以此稱佛名的緣故，於念念之中，除去八十億劫生死之罪。

命終之時，見金蓮花，猶如日輪，住其人前。如一念頃，即得往生極樂世界。於蓮花中，滿十二大劫，蓮花方開，觀世音、大勢至，以大悲音聲，為其廣說諸法實相[1]除滅罪法。聞已歡喜，應時即發菩提之心。是名下品下生者。是名下輩生想。名第十六觀。

注釋

1 諸法實相：各種現象的真實面目。

譯文

此往生者在命終之時，能看見金蓮花，蓮花如同黑暗中的太陽，就在他的面前。在這一念之間，就得以往生極樂世界。在閉合的蓮花之中，滿十二大劫，蓮花才開，觀世音、大勢至兩大菩薩，以大悲的聲音，為其廣說諸法實相和除滅罪業之法。此往生者聽聞之後，心生歡喜，立即發菩提之心。此名為下品下生者，以上所說的三種是下輩的觀想，為第十六觀。

## 賞析與點評

《無量壽經》四十八願中第十八願說：「設我得佛，十方眾生，至心信樂，欲生我國，乃至十念，若不生者，不取正覺。唯除五逆，誹謗正法。」而本經第九品——「下品下生」卻認為，犯五逆重罪之人，本應墮無間地獄，臨命終時，若能遇到善知識的開導，悔過向善，也有往生西方極樂淨土的希望。兩者好像相互矛盾。其實，《無量壽經》強調極樂淨土之殊勝，無不善之人；而本經則強調阿彌陀佛願力之大，連惡人都在救度之列。這是下輩三品往生極樂國土的共同特點。

爾時世尊說是語時，韋提希與五百侍女，聞佛所說，應時即見極樂世界廣長之相；得見佛身及二菩薩。心生歡喜，歎未曾有，豁然大悟，逮[1]無生忍。五百侍女發阿耨多羅三藐三菩提心，願生彼國。世尊悉記：皆當往生。生彼國已，獲得諸佛現前三昧。無量諸天，發無上道心。

爾時，阿難即從座起，白佛言：世尊！當何名此經？此法之要，當云何受持？

佛告阿難：此經名《觀極樂國土無量壽佛觀世音菩薩大勢至菩薩》，亦名《淨除業障生諸佛前》。汝當受持，無令忘失。

注釋

1 逮：得到。

## 譯文

佛陀在說以上十六種觀想極樂世界時，韋提希與五百位侍女聽聞之後，得以看見極樂世界廣長的景象，又得見佛身及二位菩薩身相。韋提希心中歡喜，讚歎得到未曾有的感受，豁然大悟，達到無生忍的境界。五百位侍女都發阿耨多羅三藐三菩提心，願意往生極樂世界國土。世尊把她們的全部發心都記下來：她們日後都應當往生到極樂世界，能獲得諸佛現前三昧。無量諸天，發無上道心。

當時，阿難立即從座中而起，稟告佛陀說：「世尊！應當如何為此經命名？而此佛法之要訣，應當如何來受持？

佛陀告訴阿難：此名為《觀極樂國土無量壽佛觀世音菩薩大勢至菩薩》，亦可名為《淨除業障生諸佛前》。你們應當受持，不要有任何的遺忘失落。

## 賞析與點評

從本段開始到了本經的結尾部分，佛陀囑咐大眾流通此經，使更多人獲益。

**行此三昧者，現身得見無量壽佛及二大士。若善男子及善女人，但聞佛名、**

二菩薩名，除無量劫生死之罪。何況憶念。若念佛者，當知此人，則是人中分陀利[1]華。觀世音菩薩、大勢至菩薩為其勝友。當坐道場，生諸佛家。佛告阿難：汝好持是語；持是語者，即是持無量壽佛名。

注釋

1 分陀利（puarīka）：白蓮花。西方蓮花，有青黃赤白四種，在沒有開、快要開、已經開、花落四個階段，顏色就有四種變化。正在開放的時候，顏色是白的，像銀又像雪，有光。

譯文

能夠修行此三昧者，此身得以看見無量壽佛及二位大士。假若善男子及善女人，只要聽聞阿彌陀佛之名及兩大菩薩之名，便可除去無量劫生死之罪，何況是憶佛、念佛！假若有如此念佛的人，應當知道此人就是人中的白蓮花，觀世音菩薩、大勢至菩薩則是其殊勝好友。此修行者當坐道場，生諸佛家。佛陀告訴阿難：你應當好好受持以上所說的話，受持此語者，即是受持無量佛壽名。

佛說此語時，尊者目乾連、尊者阿難及韋提希等，聞佛所說，皆大歡喜。爾時世尊足步虛空，還耆闍崛山。爾時阿難廣為大眾說如上事。無量諸天、龍、夜叉，聞佛所說，皆大歡喜！禮佛而退。

**譯文**　佛陀說此話時，尊者目乾連、尊者阿難及韋提希等，聽聞佛陀所說，皆大歡喜。當時世尊足踏虛空，從空中回到耆闍崛山。當時阿難廣為大眾演說以上的事情，無量諸天、龍、夜叉，聽聞佛所講的這些，皆大歡喜，禮佛而退。

**賞析與點評**

對一個利祿熏心的人來說，權力是真實不虛、至高無上的。為達到目的，他們會不擇手段。阿闍世王子獲得王位後，覺得也不過如此，同時失去父母的痛苦時刻折磨着他。在佛陀的點化之下，他終於醒悟：宇宙萬物的實相是苦、空、無常、無我。這正是《觀無量壽佛經》中佛陀宣說的、清風百鳥鳴唱的、流水樂器演奏的主要內容，更是眾生觀照的核心。若能明白世間一切都是空無自性的，何來執著？

頻婆娑羅王領悟到這一道理後，雖身處牢獄而心安；韋提希明白這一道理後，便能坦然面對逆境；阿闍世明白這些道理後，悔悟心生，生命由是出現轉折點。他棄惡從善，最終也成了賢明的國君。

# 佛說無量壽經

# 《佛說無量壽經》導讀

淨因法師

史蒂夫·喬布斯（Steve Jobs）堅信，「很多時候，人們並不知道自己需要甚麼，直到你向他們展示出來為止」。在 iMac、iPod、iPhone 和 iPad 等天才般的作品問世前，人們對這些產品一無所知，但這些產品一投放市場，當下就「改變了我們看世界的方式」。[1] 同樣，受到諸佛讚歎的西方極樂世界，異乎尋常，難以被普通人所了知，佛陀才無問自說淨土法門。史蒂夫·喬布斯以「活着就是為了改變世界」的願力，創造了蘋果王國，「改變了我們的生活，重新定義了整個世界，並取得了人類歷史上極為罕見的成就」。[2] 同樣，法藏比丘發下四十八大願，成就了宇宙間最完美的理想世界——西方極樂淨土，為苦難眾生提供了良好的修行、生活環境。

1 美國總統奧巴馬讚稱喬布斯語。

2 同上。

## 一、《佛說無量壽經》的譯者與版本注疏

佛教在公元前一世紀傳入中國，被翻譯成中文的佛典並不多，《佛說無量壽經》（以下簡稱《無量壽經》）便是其中的一部。該經又稱《無量壽經》、《大無量壽》、《大經》、《雙卷經》。根據《出三藏記集》、《高僧傳》記載，該經的譯本先後有十二種，其中七種已經失傳。據《開元釋教錄》記載，後漢安世高、曹魏帛延、西晉竺法護、東晉竺法力和覺賢、劉宋寶雲和曇摩密多翻譯的版本已失傳。在現存《大正藏》中的五種版本中（見表一），以康居國人康僧鎧（Saghavarman）於曹魏廢帝嘉平五年（二五三）在白馬寺譯出的版本最完備，流通量最大。所以，本書節選這一版本作底本。

表一：現存五種《無量壽經》譯本

| 經名 | 譯者 |
| --- | --- |
| 《無量清淨平等覺經》四卷（T12.279b-299c） | 東漢支婁迦讖 |
| 《佛說阿彌陀三耶三佛薩樓佛檀過度人道經》二卷（T12.300a-317c） | 東吳支謙 |

| | |
|---|---|
| 《佛說無量壽經》二卷（T12.265c-279a） | 曹魏康僧鎧 |
| 《大寶積經・無量壽如來會》二卷（T11.91c05-101c） | 唐菩提流志 |
| 《佛說大乘無量莊嚴經》三卷（T12.318a-326c） | 北宋法賢 |

本經的藏文譯本為《聖無量光莊嚴大乘經》，由勝友、施戒與智軍合譯，現存於藏文經「甘珠爾」部中。而梵文原本，則於十九世紀中在尼泊爾被發現，由英國學者馬克斯・繆勒和日本學者南條文雄合力出版，後譯成英文，名為 *The Larger Sukhavativyuha Sutra*，一九〇八年譯成日文。一九三一年，學者們完成了梵、藏、日、英合璧的《梵藏和英合璧淨土三部經》，收入《淨土宗全書》別卷中。[3]

由於《無量壽經》有眾多譯本，經題、內容等互有差異，自宋代起，淨土信仰者便對該經的不同譯本進行校正會集，以方便該經的流通弘揚。其中有四個版本具有較大的影響（見表二）。然而，會集本畢竟不是獨立的版本，能否完全契合原經宗旨，學術界、佛教界仍有不少爭議與批評，這是本書仍採用康僧鎧譯本的原因。

3　荻原雲來：《梵藏和英合璧淨土三部經》（《淨土宗全書》），P.1-192。日本淨土宗典刊行会編纂。

表二：四種《無量壽經》會集本

| 經名 | 會校者 | 注 |
| --- | --- | --- |
| 《大阿彌陀經》 | 南宋王日休 | 把除菩提流志所譯之外的四種譯本刪補校正 |
| 《無量壽經》 | 清彭紹昇 | 在魏譯的基礎上作了一些技術處理，而非諸譯的會集本 |
| 《摩訶阿彌陀經》 | 清魏源 | 首開會校五種存世異本之先河 |
| 《佛說大乘無量壽莊嚴清淨平等覺經會集本》 | 民國夏蓮居士 | 在五種古譯本基礎上，結合此前三家校本會校 |

《無量壽經》注疏繁多，其中淨影的《無量壽經義疏》、吉藏的《無量壽經義疏》、新羅國黃龍寺沙門元曉的《無量壽經宗要》和新羅國沙門憬興的《無量壽經連義述文贊》並稱為《無量壽經》四大注疏。另外有彭紹昇、王耕心、丁福保、李炳南、黃念祖諸居士分別對四種會集本作過注疏，這些注疏，可用作深入探究《無量壽經》之參考。

## 二、《無量壽經》的基本內容

佛陀在王舍城耆闍崛山講《無量壽經》，大致包含三方面的內容：法藏的發願、修行與證果；眾生往生之因與果；諸佛之戒惡勸善。

### （1）法藏發願、修行與證果

「眾生無邊誓願渡，煩惱無邊誓願斷，法門無量誓願學，佛道無上誓願成。」在眾多願中，「四弘誓願」是總願。依此總願，每位菩薩在修行時都發了自己的別願：文殊、普賢各有十大願；藥師佛、觀世音菩薩各有十二大願；阿閦佛有二十大願；師子香菩薩有四十願。各菩薩依願修行，建立了各自的淨土。《無量壽經》記述了法藏比丘由過去無量久遠劫之前，便先後跟隨錠光如來、處世如來等五十二尊佛修行，直至第五十三尊世自在王如來出現於世，轉世為國王，聞佛說法後，「棄國捐王，行作沙門，號曰法藏」。他在世自在王佛引導下，收集了十方諸佛本願，發下四十八大願。這是曠古未有的「超世願」。隋代三大師之一的淨影寺慧遠（五二三—五九二）將法藏比丘的四十八願分成三方面：攝法身願（包括十二、十三、十七三願）；攝淨土願（包括三十一、三十二兩願）；攝眾生願（包括其餘四十三願）。從比例上來看，我們不難發現，「攝受眾生」才是四十八願的核心內容，表明法藏比丘發願建立極樂世界的目的很純淨明確：為煩惱眾生提供安全的修行處所。

法藏比丘發願後，花費了五劫時間，從自利、利他兩方面依願修行。身、口、意三業清淨為法藏比丘自利修行的主要內容，其核心是自淨其意。法藏比丘以親身的修證告誡世人，修行的要點是去除凡夫心：貪心、嗔心、癡心、慢心、疑心、恨心、覆心（覆是覆蓋、掩藏過失）、誑心、諂心、驕心、害心、嫉心、慳心、無慚心、無愧心、不信心、懈怠心、放逸心、昏沉心、掉舉心（掉舉是心不安靜、妄動浮躁、障礙禪定）。修行的過程就是將這些凡夫心轉化成聖賢心：慈心、悲心、喜心、捨心、施心、益心、定心、信心、念心、達心、直心、慧心、戒心、願心、忍心、不退心、大乘心、無相心、平等心。將心專注於一句佛號上，使凡夫心不再有機會生起，一心觀想諸佛菩薩的莊嚴、西方極樂世界的美好，久而久之，佛心生起。正如《觀無量壽佛經》云，「心想佛時，是心即是三十二相，八十隨形好」。這是淨土法門自我修行的核心原理。另一方面，四攝、六度是法藏利益眾生的主要手段。通過自利利他，福慧雙修，法藏比丘積累了無量的功德，才能綜合二百一十億諸佛刹土（刹土即國土）的優點，成就天下第一清淨的佛土——西方極樂世界，而他本人也修得光明無量、壽命無量的真身。法藏修行之依、正之果在《佛說阿彌陀經》、《觀無量壽佛經》中已有詳細描述，故本導讀略去之。

## （2）眾生往生之因與果

如此福慧具足的絕妙淨土，怎樣才能往生彼處呢？佛陀講述了念佛定生淨土的因果法則，根據念佛人願力的大小、修持的勤惰、功德的深淺，而有三輩往生之不同。無論是誰，只要至誠念佛，蒙佛加持，便能帶業往生極樂，獲得具足佛相、永離惡道、遍供諸佛、聽聞正法、悲智雙運、定慧通明、智辯無礙、大悲普化等果報，最終得一生補處之位，直至成佛。

## （3）諸佛之戒惡勸善

人生於世，不如意事十有八九；地震、洪水等自然災害時刻威脅着人類的生存；生老病死苦，無人能倖免。《妙法蓮華經》上說：「三界無安，猶如火宅；眾苦充滿，甚可怖畏。」（T9.14c22-24）《佛說八大人覺經》指出了眾苦的根源：「心是惡源，形為罪藪。」（T17.715b9）「心」主要指貪、嗔、癡三毒，是一切罪惡的根源。佛陀在講完淨土因果之後，對現實社會中世人沉迷於貪、嗔、癡三毒所帶來的危害進行了詳細的描述，告誡世人，沉迷於此而不修淨土，是墮惡道之因，將永劫輪迴。佛陀以大慈悲心勸誡世人專心念佛，以擺脱貪、嗔、癡的困擾，博愛行善，積累資糧，才能達到心無掛礙的境界。

緊接着，佛陀指出，世人因心不淨而起惑造業，主要有五方面的內容：殺、盜、淫、妄與邪念，《無量壽經》稱之為五惡。佛陀詳細解說了每一種惡行的表現形式，以及由此而招感的果報；並勸導眾生以仁慈戒殺生、以少欲戒偷盜、以忠貞戒邪淫、以誠信戒妄語、以智慧戒邪念，五善齊全，必能獲得現世之五德及未來之五福。最後佛陀反覆勸導世人，應遵行佛經，仁慈博愛，廣修善德，一心念佛，求生淨土。

從法藏比丘的發願、修行、證果，到眾生往生之因與果，一幅西方極樂世界的美圖展現在世人面前，阿彌陀佛身放光明，令在靈鷲山聽佛講法的聽眾，親見極樂世界的莊嚴景象，證實佛陀關於淨土之教言真實不虛。佛陀還分別列舉了十四個佛國往生的情況，往生人數之多，難以用數字來計算，以此勸勉世人堅定信心，發願往生極樂淨土。

## 三、《無量壽經》的現代意義與普世價值

現實世界總是不完美的，《佛說阿彌陀經》稱之為「五濁惡世」，對理想社會的追求是人的共性。「人希望甚麼」與「事實是甚麼」之間，永遠存在差距和矛盾。這使得一些具有超卓思考力的理想主義者，勾畫了一個又一個理想世界。在哲學領域，西方有柏拉圖的「理想國」、摩

爾的「烏托邦」、康帕內拉的「太陽城」、奧古斯汀的「上帝之城」等；東方則有中國儒家的「大同世界」、老子的「小國寡民」、陶淵明的「世外桃源」、孫中山提倡的「天下為公」的社會。

從宗教層面說，人類的理想社會有基督教的「天國」、道教的「天界」和佛教的「極樂淨土」。其中，極樂淨土還不止一個，稱為十方無量淨土。中國人最熟悉的，就有《彌勒上生經》中的兜率淨土、《藥師琉璃光如來本願功德經》的琉璃淨土、《大寶積經》中的妙喜淨土、《大乘密嚴經》的密嚴淨土、《妙法蓮華經》中的靈山淨土和《華嚴經》中的蓮花藏世界等。當然，《無量壽經》、《觀無量壽佛經》、《佛說阿彌陀經》中的西方極樂淨土最為著名，但不論是哪個淨土或理想世界，名稱並不重要，重要的是它代表着古今中外人們對美好生活環境的嚮往與追求——一個沒有鬥爭、罪惡和痛苦的理想世界！

《無量壽經》完整地記載了法藏比丘在世自在王佛的教導下，花費了整整五劫時間綜合二百一十億諸佛刹土的優點，建立起宇宙間最完美的西方極樂淨土。不少人認為，西方極樂世界是生存在信仰真空的烏托邦。然而，淨土三經為世人提供了構建理想社會的理論基礎與實踐方法（見表三）。《佛說阿彌陀經》重在引導世人對西方極樂淨土生起信心，《無量壽經》側重於說明如何發願，而《觀無量壽佛經》重在說明如何修觀，「是心作佛、是心是佛」，心淨則國土淨，當下就在西方極樂國土。三經相輔相成，如鼎之三足，缺一不可，向人們完整地展示了淨土修行法門的總綱：信、願、行、果。

表三：淨土三經一覽表

| 經、論名 | 講經地點 | 譯者 | 特色 |
|---|---|---|---|
| 《佛說阿彌陀經》（T12.346b-348b） | 舍衛國祇樹給孤獨園 | 姚秦鳩摩羅什 | 信：念佛往生 |
| 《佛說無量壽經》（T12.265c-279a） | 王舍城耆闍崛山 | 曹魏康僧鎧 | 願：四十八願 |
| 《佛說觀無量壽佛經》（T12.340b-346b） | 王舍城王宮 | 劉宋畺良耶舍 | 行：十六觀法 |

淨土三經告訴我們，極樂淨土並不神秘，只要做到「富足利生」、「德化治國」，理想社會自然會出現。

（1）富足以利生

佛家戒「貪」，而在《無量壽經》中，西方極樂國土的大地是黃金打造的，樹木、殿堂、樓閣都是金、銀、琉璃、玻璃、硨磲、赤珠、瑪瑙眾寶合成的，「七寶諸樹，周滿世界。金樹、銀樹、琉璃樹、玻璃樹、珊瑚樹、瑪瑙樹、硨磲樹。或有二寶、三寶，乃至七寶，轉共合成」。佛教一向主張四大皆空、看破放下，為何佛陀要把西方極樂國描繪成世界上最富麗堂皇的國土？這一問題常令人百思不得其解，其實，這種描述，暗含深意。

梁漱溟曾說過：「不可戰勝的是誰？是生命。被戰勝的是甚麼？是物質。生命是心，是心表現在物上的，是心物之爭。」自古以來，物質的匱乏直接威脅到人類的生存，爭奪資源以求生命安全，一直是社會發展史的主旋律。這種爭奪造成人與大自然、人與人、人與社會之間的衝突。只有社會得到極大的發展，如同西方極樂世界一樣，人們思衣得衣，思食得食，生活在這樣安全的社會，積聚財富便變得毫無意義，各種爭鬥才會徹底停止。

由此觀之，發展社會經濟，創造更多的物質財富，是理想社會的基石。更重要的是，西方極樂世界如此富麗堂皇，正反映了佛家真空與妙有的辯證統一。一個人在修行的過程中，覺悟所謂的「我」是由五蘊和合而成，以此思維破除我執；所謂的萬物皆由眾緣組合而成，以此思維來破除人們對身外之物的執著，達到心無掛礙的境界。由此可見，佛家講空，空去的並非自我、萬物本身，而是人們對自我、萬物的執著心！佛家在講空的同時，還指出了不空的一面，因果不空。法藏比丘花費了五劫時間從自利、利他兩方面修福修慧，必有善果。相好光明、壽命無量是他的「正報」；華嚴富貴的極樂淨土是他的「依報」。依正莊嚴，是佛家講不空的一面。佛家的因果律不但為財寶遍地的極樂淨土找到了理論依據，而且明確告訴世人：佛教並不主張貧窮，因為貧窮是沒有福報的表現，因而鼓勵人們創造自己的人間淨土。這對當今建設繁榮社會仍具有借鑒作用。

## （2）德化以治國

「不歌舞觀聽」為佛家十戒之一。按照習慣性的解釋，佛門中人似乎不應該觀看舞臺劇或聽音樂會，更不用說親自唱歌跳舞了。然而，在敦煌壁畫中，音樂題材的洞窟有二百多個，不同類型的樂隊多達五百多組，都是為了演奏出世界上最美妙的天籟之音。依據《佛說阿彌陀經》、《無量壽經》的描述，西方極樂世界的上空飄着美麗的花雨，各種樂器在空中自由飛舞，不鼓自鳴，天女聞聲起舞，白鶴、孔雀、鸚鵡、舍利、迦陵頻伽、共命鳥等神鳥，不分晝夜地唱出柔和、高雅的樂曲，烘託出一個和諧的極樂世界。回到佛門的現實生活中，早晚功課期間，梵音亦不絕於耳……

由此觀之，微妙伎樂早已與佛家結下不解之緣。佛教所反對的不是音律本身，而是不和諧的音律。孤音自鳴，只能發出孤單與不和諧的音聲；多音和鳴，相互協調，才能演奏出和諧的樂章。佛儒二家深知其理，遂以樂理來教化民眾，治理天下。周公制禮作樂，孔子主張「安上治民，莫善於禮；移風易俗，莫善於樂」，其目的都是以「禮」約束外部行為，以「樂」調和內在的情感，以達到「上下尊卑有禮、親善和諧」的境界。至此，我們便不難理解，淨土經典花費大量筆墨描述清風、寶樹、百鳥晝夜唱出梵音，本意不在於美妙的音樂，而在一個「化」字，以清淨無染的佛法化世導俗，將佛陀的智慧化入人心，使不同根性的人和諧共處，如此，極樂世界離我們還遠嗎？

# 一、講經緣起

本節導讀——

該經一開始就對聽經人作了詳細交待，含意深刻。首先，聽眾包括出家弟子與在家弟子、羅漢與菩薩，包括各種類型的人，表明淨土念佛法門適合一切根機的眾生，不論男、女、老、幼、僧、俗，聰明的、笨的、富的、貧的、有慧根的、沒有慧根的人，只要念佛，就能走上解脱之路。其次，聽眾中菩薩是特殊的人群。佛陀向與會大眾介紹諸大菩薩仿效佛陀「八相成道」的修道經過，揭示同一個道理，「沒有天生的釋迦，沒有自然的彌勒」，以此説明，解脱成佛這等大事在入門前需要善知識指點迷津，諸佛菩薩加持，一旦入門，只有靠自己一步步努力，方能證果。最後，在眾多菩薩的襯托下，法藏比丘隆重出場，大眾皆感到驚訝，經阿難發問，而成就了佛陀講説《無量壽經》的因緣。

〔六成就〕我聞如是：一時佛住王舍城耆闍崛山[1]中，與大比丘眾萬二千人俱。

注釋　1 耆闍崛：靈鷲山，簡稱靈山，許多大乘經典均講於此地，在今印度比哈爾邦省王舍城東北方約十公里處。

譯文　我阿難親耳聽到佛陀如此說法：有一天，佛陀在古印度摩羯陀國首都王舍城耆闍崛山中，與一萬二千位德高望重的比丘在一起。

〔聲聞聽眾〕一切大聖，神通已達，其名曰：尊者[1]了本際、尊者正願、尊者正語、尊者大號、尊者仁賢、尊者離垢[2]、尊者名聞、尊者善實、尊者具足、尊者牛王、尊者優樓頻螺迦葉、尊者伽耶迦葉、尊者那提迦葉、尊者摩訶迦葉、尊者舍利弗、尊者大目乾連、尊者劫賓那、尊者大住、尊者大淨志、尊者摩訶周那、尊者滿願子、尊者離障、尊者流灌、尊者堅伏、尊者面王、尊者果乘、尊者仁性、尊者喜樂、尊者善來、尊者羅云、尊者阿難。皆如斯等，上首者也。

注釋　1 尊者：德尊學博、有修有證之人。2 離垢：潔淨第一，因打掃寺廟，願令心無塵垢，斷除一切煩惱，故名離垢。

## 譯文

這些弟子都是斷除了妄想、分別、執著的聖者，具有種種神通妙用。其中最具代表性的弟子有：五比丘中最先悟道的阿若憍陳如（Ajñāta-Kauinya，了本際）尊者，威儀第一馬勝（Aśvajit，正願）尊者，坐禪第一的離婆多（Revata，正語）尊者，五比丘之一的摩訶男（Mahānāman，大號）尊者，悟空第一的須菩提（Subhūti，仁賢）尊者，潔淨第一的離垢尊者，答問第一的摩訶俱絺羅（Mahā-Kauhila，名聞）尊者，供養第一的善實尊者，得戒第一的樹提（具足）尊者，受天供第一的憍梵波提（Gavāpati，牛王）尊者，護眾第一的優樓頻螺迦葉（Uruvilvā-Kāśyapa）尊者，教化第一的伽耶迦葉（Gayā-Kāśyapa）尊者，精進第一的那提迦葉（Nadī-Kāśyapa）尊者，苦行第一的摩訶迦葉（Mahākāśyapa）尊者，智慧第一的舍利弗尊者，神通第一的大目乾連（Maudgalyāyana）尊者，知星宿第一的劫賓那（Kapphia）尊者，辯才無礙的摩訶迦栴延（Mahākātyāyana，大住）尊者，閑居第一的賴吒和羅（Rāstrapāla，大淨志）尊者，摩訶周那（Mahā-cunda）尊者，說法第一的富樓那（Maitrāyaniputra，滿願子）尊者，天眼第一的阿那律（Aniruddha，離障）尊者，威儀第一的難陀（流灌）尊者，福田第一的賓頭盧頗羅墮（Piola-bhāradvāja，堅伏）尊者，長壽第一的薄拘羅（Vakkula，面王）尊者，持戒第一的優婆離（Upāli，果乘）尊者，佈施第一的尸利羅（Sīvali，仁性）尊者，妙聲第一的牧牛難陀尊者（喜樂），善來（Svāgata）尊者，密行第一的羅睺羅（Rāhula，羅云）尊者，多聞第一的阿難（Ānanda）尊者。他們都是佛陀的上首弟子。

## 賞析與點評

有一次，一個瞎了一隻眼的人向舍利弗乞討一隻眼睛。舍利弗取下自己的右眼，那人接過右眼後很不滿地說：「右眼對我沒用，我需要的是左眼。」無奈之下，舍利弗又取下自己的左眼，那人接過左眼用鼻子聞一聞後說：「眼睛如此腥臭，對我有何用？」說完便將這隻眼扔在地上，用腳踩了又踩，揚長而去。舍利弗深感眾生心願難以滿足，很難超度，因而退失了大乘菩提心，在小乘教法中進進退退六十小劫。

在佛陀的弟子中，如舍利弗這樣退失大乘心的聲聞弟子極多，佛陀因而首先列舉了一萬二千位聲聞弟子中三十一位最有成就者，暗示佛陀主要是為聲聞弟子而宣說此經，希望他們迴小向大，最終導歸淨土法門。

〔出家菩薩〕又與大乘眾菩薩[1]俱：普賢菩薩[2]、妙德菩薩[3]、慈氏菩薩[4]等，此賢劫中，一切菩薩。

〔在家菩薩〕又賢護[5]等十六正士[6]：善思議菩薩、信慧菩薩、空無菩薩、神通華菩薩、光英菩薩、慧上菩薩、智幢菩薩、寂根菩薩、願慧菩薩、香象菩薩、寶英菩薩、中住菩薩、制行菩薩、解脫菩薩。

注釋

1 菩薩：自度度人，自利利他，兼善天下，上求下化，悲智雙運。2 普賢菩薩：在中國佛教四大菩薩中，以「實踐」、「大行」著稱，四川峨嵋山為其說法道場。3 妙德菩薩：即文殊菩薩，在中國佛教四大菩薩中，以「智慧」著稱，山西五臺山為其說法道場。4 慈氏菩薩：佛陀的繼承人，以「慈悲」著稱，現住兜率天內院，為眾生說法。5 賢護：保護身口意三業以自利，樂於護持他人以利他，故名「賢護」。6 正士：菩薩的別名，依正知正見而修行之士。

譯文

在此集會的還有無數修學大乘的菩薩，包括普賢、妙德（文殊）、慈氏（彌勒）等賢劫中所有的菩薩。

另外，以賢護等十六位修行之士為首的無量在家菩薩：善思議菩薩、信慧菩薩、空無菩薩、神通華菩薩、光英菩薩、慧上菩薩、智幢菩薩、寂根菩薩、願慧菩薩、香象菩薩、寶英菩薩、中住菩薩、制行菩薩、解脱菩薩。

## 賞析與點評

普賢排在文殊和彌勒之前，含有深意。普賢代表大行，表示修淨土法門的人有了信與願後，老實念佛的行動極為重要。「虛空界盡，眾生界盡，眾生業盡，眾生煩惱盡，我願行乃盡。」這是普賢菩薩所發的大願，表明發菩提心，往生極樂世界的目的並非貪圖自我享受，而是悟道後廣度眾生。這也許是淨土宗推普賢菩薩為其始祖的原因之一。

〔德遵普賢〕皆遵普賢大士之德，具諸菩薩，無量行願，安住一切功德法中。遊步十方，行權方便，入佛法藏，究竟彼岸。

〔八相成道〕於無量世界，現成等覺。

〔降兜率相〕處兜率天[1]，弘宣正法。

〔入胎相〕捨彼天宮，降神母胎。

〔出胎相〕從右脅生，現行七步。光明顯耀，普照十方無量佛土，六種震動。

舉聲自稱：吾當於世，為無上尊。釋梵奉侍，天人歸仰。

注釋

1 兜率天（Tuita）：欲界第四天，分內、外二院。外院為天人所居，如太上老君李耳便住於外院修身煉丹；內院為「一生補處」的菩薩居住地。佛陀成佛之前，就住在內院中，然後從天降生人間成佛。未來成佛的彌勒，現在正住在此天的內院中，將來也從此天下降人間成佛。

譯文

來此集會的所有在家修行之士，都有一個共同特點，他們對普賢菩薩「解行並進」的美德十分敬佩，並以普賢菩薩為榜樣，具備菩薩所有的修行願力，一心一意地把心安住在阿彌陀佛之佛號上，並做有利於眾生的功德事業。他們雲遊於天上人間，隨機應變地以各種方法，協助佛陀教化眾生，進入佛法的大海，最終到達覺悟真理的彼岸。

（參與法會的這些菩薩，都曾發過誓願，）要在無窮盡的世間修行中成就為佛，（於是仿效佛陀八相成道的軌跡，）先在兜率天弘揚正法。

（待佛滅度後，）立即捨棄兜率天宮安樂的生活，投胎降生於人間。

（他們都是）從母親右邊脅下出生，立即能行走七步，大放光明，遍照十方無量世界，大地產生動、湧、震、擊、吼、爆六種震動。然後，他們都會大聲宣告：我將在世間悟道成佛，天上天下尊貴無比！這時，帝釋諸天以及大梵天王等前來供養侍奉。天上人間所有眾生，都來皈依信仰。

## 賞析與點評

《西遊記》中孫悟空無法無天，大鬧天宮，十萬天兵天將都無法降服他，結果他還是逃不出如來佛祖的手掌心。這表明，在一般人心目中，佛陀是至高無上的，無論他有多偉大，都是應該的。德國著名佛教學者奧登堡（Oldenberg）教授以大量的證據證明，佛陀是一位真實的歷史人物。

考古學家在佛陀出生地尼泊爾的鹿野苑，發現了公元前三世紀印度古代最偉大的國王阿育王雕刻的「法敕」，更進一步說明佛陀是真實的歷史人物。悉達多太子降生後七日，親生母親摩耶夫人便不幸去世，他由姨母摩訶波闍波提夫人撫養成人。這說明佛陀年幼時和我們普通人一樣，飢餓時需要喝奶、吃飯，天冷時需要穿衣。後來他感受到生老病死無常相逼，遂出家學道，「八相成道」而證佛果。「八相成道」是降兜率、入胎、住胎、出胎、出家、成道、轉法輪、入涅槃。同樣，佛陀在宣講《無量壽經》時，向與會大眾先介紹諸大菩薩修道的經過，說明這些菩薩並非一生下來就偉大，而是同悉達多太子一樣，從普通人修起，經「八相成道」而證聖果。

〔在家相〕示現[1]算計、文藝、射御[2]，博綜道術，貫練群籍[3]。遊於後園，講武試藝。現處宮中色味之間[4]。

**注釋**

1 示現：諸佛菩薩為教化眾生，而變現種種身形。2 射御：禮樂射御書數，名為六藝。其中「御」代表射箭、舞刀、擊劍、駕車、騎馬等。3 貫練群籍：印度九十六種外道學術，以四吠陀為主體，皆貫通無礙。4 色味之間：過着飲食男女的生活。

**譯文**

菩薩在童年時，學習算術、詩書、技藝，以及射箭、舞刀、擊劍、駕車、騎馬等知識，且無一不精，又廣泛地學習各種聖賢之道、神仙之術，博覽群書，學富五車；到了青年時期，他在皇宮後院的試藝場，與五百釋子比武，技壓群雄。後又娶妻生子，過着飲食男女的生活，享用人間美味佳餚。

**賞析與點評**

菩薩年輕時和我們一樣，修文習武，為實現自我而奮鬥，成為多才多藝、博學深智的人。成家立業後，時刻有醇酒、音樂、美人相伴，享盡人間榮華富貴。人世間的財富、名譽、地位乃至學問、武功，無不成就，自我得到最大的滿足。由此觀之，出家學道並非因生活失敗，而是如同弘一大師那樣，是追求人生更高境界之舉。

〔出家相〕見老病死，悟世非常[1]。棄國財位，入山學道。服乘白馬、寶冠、瓔珞，遣之令還。捨珍妙衣，而着法服[2]；剃除鬚髮，端坐樹下。勤苦六年，行如所應。

注釋

1 非常：即無常。世間的一切，緣聚則生，緣散則滅，不能常在，所以都是無常的。

2 法服：修行人穿的衣服，相當於佛教的袈裟。

譯文

（生命中的某一天，）菩薩目睹世人生、老、病、死的自然現象，覺悟人生無常之苦，於是放棄世間的榮華富貴，進入山林修行，尋求解脫之道。他騎白馬離開王宮，並摘下王冠珠寶，打發侍候他的人返回皇宮，自己脫下華服，穿上袈裟；剃除鬚髮，端坐樹下，苦修六年，（一無所獲後，）方知應如何修行，才能轉入中道實相的正道修行軌道。

賞析與點評

老病死生誰替得？酸甜苦辣自承擔。
一劑養神平胃散，兩重和氣瀉肝腸。
——明．憨山德清

菩薩在人生旅途中，深深地感受到人生苦短，生死無常，於是決心出家，尋求解脫之道。這是出家求道的直接原因。

**〔降魔成道相〕現五濁[1]剎，隨順群生，示有塵垢，沐浴金流[2]。天按樹枝，得攀出池。靈禽翼從，往詣道場。吉祥感徵，表章功祚。哀受施草，敷佛樹下，跏趺而坐。奮大光明，使魔[3]知之。魔率官屬，而來逼試。制以智力，皆令降伏。得微妙法，成最正覺。**

注釋

1 五濁：劫濁，劫難時代，災難重重；煩惱濁，世人心中充滿貪、嗔、癡、慢、疑種種煩惱；眾生濁，眾生障深慧淺，資質低劣，苦多樂少；見濁，邪見流行，思想混亂，莫衷一是；命濁，眾生因惡業而受報，身心交瘁，壽命短促。2 金流：太陽初出，陽光照在流動的河水上，河水呈金色，故稱「金流」。3 魔：魔羅（Mara）的簡稱，專指擾亂人心智的心魔。

譯文

菩薩在五濁惡世中示現成佛，目的只有一個，那就是隨順眾生的根機程度，為之說法，給予光明，濟以安寧。菩薩在深山苦修六年，滿身塵垢，於是來到一條河邊，沐浴在金色的河水中。塵垢除盡，天神按下河邊大樹枝條，菩薩手扶樹枝，從容上岸，在眾多靈異之鳥的簇擁下，走向覺悟的道場，這些吉祥的徵兆，彰顯菩薩修行的功德。這時，淨居天化作割草童子，向菩薩進獻吉祥草。菩薩體察他的苦心，以悲憫的心來接受所佈施的草，將草鋪於菩提樹下，盤腿而坐，全身放大光明，驚動了邪魔。魔王率領大小群魔，以威嚇、誘惑的手段試探菩薩。菩薩用智慧和力量，將他們全部降服終於得悟至高無上的宇宙人生真理，覺悟成佛。

## 賞析與點評

孔雀雖以色嚴身，不如鴻鵠能高飛。
外形雖有美儀容，未若斷漏功德尊。
今此比丘猶良馬，能善調伏其心行。
斷欲滅結離生死，受後邊身壞魔軍。

——《別譯雜阿含經》

經過苦苦的探索，菩薩終於明白一個道理，苦難來自我們有所執著的心。追求人世間「五欲」之樂，固然無法使人獲得長久的快樂；執著於某一種修行形式（如極度的苦行），也不是修行的正途，因為這只會使人囿於修行形式，到了一定的境界，便無法突破。「不識本心，學法無益」。只有超越對修行形式的執著，從心入手，「無所住而生其心」，修行才能進入新的天地。通過對思維的重整，菩薩降伏了有所住的心魔而行中道。

---

**〔轉法輪相〕釋梵祈勸，請轉法輪。以佛遊步，佛吼而吼[1]。扣法鼓[2]、吹法螺[3]、執法劍、建法幢、震法雷、曜法電、澍法雨、演法施。常以法音，覺諸世間。光明普照無量佛土。一切世界六種震動。**

**注釋**

1 佛吼而吼：佛陀講法，契機契理，令人信服，猶如雄獅一吼，百獸懾服。2 扣法鼓：比喻宣說人天小乘自利之法，如人扣鼓，其聲聞近。3 吹法螺：比喻宣說大乘自利利他之法，如人吹螺，其聲聞遠。

**譯文**

這時，帝釋諸天以及大梵天王都來勸請佛陀宣揚正法，啟動法輪的運行。佛陀接受請求，按照過去諸佛說法的模式，雲遊於天上人間，為眾生演說正法，猶如雄獅怒吼；彷佛戰鼓擂起，宣說小乘自利之法；好像巨螺吹響，宣說大乘自利利他之法；執持智慧的利劍，斬斷煩惱之魔；猶如高懸之法幢，為人生指明正確方向；如震聾發聵的巨雷聲，喚醒迷途之人；如閃電在一剎那令眾生恍然大悟；像甘甜的雨水，滋潤眾生乾涸的心靈。法音使眾生得到覺悟。佛陀的光輝，照亮了無量無數的世界。所有的世界，都發出六種震動。

## 賞析與點評

佛陀一生說法可分為五個階段，統稱為「五時教」：佛於菩提樹下成道後，於最初三七日，說《華嚴經》，度大菩薩，稱為華嚴時；在鹿野苑等處，十二年中說小乘阿含經，度聲聞緣覺乘人，稱為阿含時；在接下來的八年中，說維摩、勝鬘、金光明等大乘經典，稱為方等時；在以後的二十二年間，說各種般若經典，強調諸法皆空之義，稱為般若時；在佛陀生命的最後八年中，說《妙法蓮華經》，會三乘於一佛乘；佛陀即將入滅時，又在拘尸那拉城娑羅雙樹間，說《大般涅槃經》，顯常樂我淨義，昭示一切眾生皆有佛性，乃至一闡提人，亦當成佛，稱為法華涅槃時。上文中「扣法鼓」暗指第二階段的小乘教法，「吹法螺」暗指第三階段的大乘佛法，而「執法劍」則指第四階段的般若空慧。

**總攝魔界，動魔宮殿。眾魔攝怖，莫不歸伏。摑裂邪網[1]，消滅諸見。散諸塵勞，壞諸欲塹。嚴護法城，開闡法門。洗濯垢污，顯明清白。光融佛法，宣流正化。**

**注釋**

1 摑裂邪網：摑，用手打人耳部，這裏是指打破；裂，裂開；邪網，指外道的種種邪見。

**譯文**

當佛陀身體放光動地時，雖然佛光普照，人天歡喜，魔宮卻因之而劇烈震動，眾魔都感到畏懼恐怖，先後皈依三寶，修行佛法。佛所說的法是正法，所以能破除邪魔外道的種種邪見，消除世人的種種煩惱，終結眾生長劫以來的生死輪迴痛苦，使世人不再陷入五欲六塵的深坑。因此，凡是菩薩皆要竭力護持佛所說之正法，挑起如來的家業，把佛所說的正法毫無保留地介紹給世人，同時還要將眾生不良的思想和行為全部改正過來，使眾生清淨的本性再一次顯現。唯有這樣才能使正法發揚光大，宣揚流通真正的佛陀教化。

**賞析與點評**

佛陀悟道時，印度各種外道盛行，都宣揚自己的教義最好、最高，而貶低、蔑視、非難、排斥他人教義，令人無所適從，不得解脫。因此，佛陀悟道後要做的第一件事不是建立清規戒律，而是四處弘揚正法，去除邪見，樹立正見，使人們從迷茫中找到正確的修行方法。

**〔入世弘法〕入國分衛[1]，獲諸豐膳。貯功德，示福田。欲宣法、現欣笑。以諸法藥，救療三苦。顯現道意，無量功德。授菩薩記，成等正覺。**

注釋

1 入國分衛：入城乞食。分衛，托缽、乞食。其意義有二：一是自利，為杜絕俗事，方便修道；二是利他，為福利世人，予眾生種植福田的機會。

譯文

為使眾生廣種福田，佛陀又出入城鄉，化得豐美的食物，讓眾生有機會積累功德，為眾生示現福田；佛陀想講法時，臉上會流露出歡欣的微笑，用佛法之良藥去除眾生心靈的種種痛苦，彰顯佛法無量功德。為菩薩授記何時成佛，幫助他們覺悟成佛。

賞析與點評

《雜阿含經》把諸佛菩薩稱為「大醫王」，從四個方面治療眾生的「心病」：善知病；善知病源；應病與藥；藥到病除，不再復發。（T2.105b）眾生「服」了佛陀的心藥，悟解心開，發菩提心，廣度眾生。佛陀又及時為這類眾生授記，幫助他們確立「定當作佛」的信心，在修道之路上勇往直前，直至成佛。

**〔入涅槃相〕示現滅度，拯濟無極，消除諸漏[1]，植眾德本。具足功德，微妙難量。**

注釋

1 諸漏：種種煩惱不斷流注漏泄，故言「漏」。

譯文

一旦救度眾生的緣分已盡，佛便示現滅度相，這對眾生同樣有無窮無盡的利益。然而，佛的法身則常住世間，以不同的方式救度無量眾生，去除一切煩惱，培植會帶來涅槃妙果的功德之本，具足一切功德，微妙難以思量。

### 賞析與點評

人們常常把「涅槃」看成是死亡的代名詞，其實涅槃的本意不是生命的終結，而是貪、嗔、癡等不健康思維的「死亡」，帶來的是清淨、自在的人生，標誌着人格修養的最高境界——人格的圓滿。諸佛菩薩示現滅度相，意在提醒世人，諸佛菩薩僅僅是老師，眾生應自性自悟，了脫生死。

**〔教化方法〕遊諸佛國，普現道教。其所修行，清淨無穢。譬如幻師，現眾異像。為男為女，無所不變。本學明了，在意所為。此諸菩薩，亦復如是。學一切法，貫綜縷練[1]。所住安諦，靡不感化。無數佛土，皆悉普現。未曾慢恣，愍傷眾生。如是之法，一切具足。**

注釋

1 縷練：詳細解釋，熟練通達。

譯文

菩薩來往於諸佛國，廣泛地宣講佛陀的教誨，其心清淨，其行無穢，有如蓮花出污泥而不染。為了方便度眾生，菩薩能變現各種形象，或男或女，隨心所欲，隨緣度眾。之所以如此，是因為這些菩薩明了佛法之根本，才能隨其心意自由變化。以上提到的眾菩薩也是這樣，他們廣泛學習一切知識（指五明），並將所學融會貫通，熟練通達其作用，以自利、利他，內則心安，外則教化自在。正因為如此，眾生沒有不被他們感化的。菩薩能夠出現在無數佛國，度化眾生。沒有驕傲放逸，慈悲愛憐一切眾生，這些善良的品質，以上菩薩全都具備。

## 賞析與點評

菩薩習五明，總為求種智。
解伏信治攝，為五五別求。

——《大乘莊嚴經論》

為了更有效地教化眾生，菩薩應「學一切法」，共有五方面的內容，「一內明，二因明，三聲明，四醫明，五巧明」。（T31.616a10－11）五明各有其功能。其中，「內明為求自解學，因明為伏外執學，聲明為令他信學，醫明為所治方學，巧明為攝一切眾生」。（T31.616a14-16）由此可見，一個人只有博學多聞，具備多方面的知識，才能更有效地幫助他人。

菩薩經典，究暢要妙；名稱普至，導御十方；無量諸佛，咸共護念。佛所住者[1]，皆已得住；大聖所立，而皆已立。如來導化，各能宣布。為諸菩薩，而作大師。以甚深禪慧，開導眾生。通諸法性，達眾生相[2]，明了諸國，供養諸佛。化現其身，猶如電光。善學無畏之網，曉了幻化之法。壞裂魔網，解諸纏縛。

注釋

1 佛所住者：覺悟真俗二諦，達到無住而住。2 眾生相：眾緣和合而生之一切事物的現象。

譯文

身為菩薩，必須深入經藏，尤其要深入教人修行的大乘菩薩道經典，做到深究暢達其要點與妙處，上求佛道以自利，下化眾生以利他。像這樣有道行有智慧的菩薩，不但聲名遠播，而且能夠影響十方眾生，共修佛道；像這樣修行的大菩薩，自然就得到無量諸佛的護念。他們都能依佛之所住而住、所立而立，如來化導眾生的種種方法和法門，這些大菩薩也都能夠宣講，所以他們都有資格稱菩薩，成為真正的人天之師。他們能用精深的禪定智慧開導眾生，通達萬物自性本空的本性，從而了知一切事物只有一個假相，沒有真實的自體；在修慧的同時，廣修福德，在明了諸佛國土的地點和環境之後，就到諸佛國土去廣修供養諸佛；能自由自在地化作種種身形，好像電光那麼快速；善於學習大乘佛法之義理，具有問答斷疑之四無畏，故能在大眾之中說法，毫無畏懼；又從觀照般若中，通曉世間一切萬有，如幻如化，虛而不實，所以其心清淨，沒有絲毫的妄想執著。由於菩薩有殊勝的口業和意業，故能說法利生，幫助世人衝破那令人產生種種邪見和惡行的魔網，以及斷除那纏縛眾生於三界六道之中輪迴生死的種種煩惱，使一切眾生都能返璞歸真，超凡入聖。

**超越聲聞、緣覺之地，得空、無相、無願三昧。善立方便，顯示三乘。於此化終，而現滅度。亦無所作，亦無所有，不起不滅，得平等法。具足成就無量總持[1]，百千三昧。諸根智慧，廣普寂定。深入菩薩法藏，得佛華嚴[2]三昧，宣揚演說一切經典。住深定門，悉睹現在無量諸佛，一念之頃，無不周遍。**

注釋

1 總持：掌握一切法的總綱領，能持一切義。2 佛華嚴：憬興在《無量壽經連義述文贊》云：「佛地功德，能嚴佛身，故云佛華嚴。」(T37.145a13)

譯文

像這樣的菩薩，其成就已經遠遠超越了所有的阿羅漢和辟支佛，因為他們都已經證入了大乘的空、無相、無願之三解脫門。他們善於運用種種巧妙之法度化眾生，針對眾生的不同，分別教授聲聞、緣覺和大乘菩薩等三乘佛法，在聲聞、緣覺面前示現滅度。他們知曉空故無所作，無相故無所有，無願故不生，不生故不滅，因此證得諸佛平等實相，具足無量的總持和三昧。他們六根清淨，智慧廣大無邊，人人契入大乘佛法所說的法性、真如、實相之至理，故能證得佛華嚴三昧，可以見到十方三世一切諸佛，聽到諸佛宣說一切經典之精華妙義。菩薩外不着相，內不動心，常住於甚深禪定之中，能悉見一切諸佛，並能在極短時間內，到達十方無量國土去禮拜供養諸佛。

**〔利他之贊〕濟諸劇難，諸閑不閑[1]，分別顯示真實之際，得諸如來辯才之智，入眾言音，開化一切。超過世間諸所有法，心常諦住度世之道。**

注釋

1 諸閑不閑：閑，指尚未受災難；不閑，指正在受災難。

譯文

諸大菩薩大慈大悲，時常拯救眾生於水火中，包括正在受苦難和尚未受苦難的眾生。他們還證得與佛一樣的無礙辯才，通曉眾生的語言文字，隨機說法，開導教化眾生。他們徹底明白一切事物的理（本質）和事（現象）的真相，這種成就實際上已經超越了世間所有學問。更加難得的是，他們的心時常安住在幫助眾生了生死、離輪迴、出三界之道法上。

## 賞析與點評

《維摩經》云：「佛以一音演說法，眾生隨類各得解。」（T14.538a2）佛陀以一種聲音向大眾說法，不同層次的人都能依照自己的境界而理解、接受。諸大菩薩也是如此，以眾生能理解的語言講法，令他們在不同程度上受益。

於一切萬物，而隨意自在。為諸庶類，作不請之友，荷負群生，為之重擔。受持如來甚深法藏。護佛種性，常使不絕。興大悲，愍眾生，演慈辯，授法眼[1]，杜三趣，開善門。以不請之法，施諸黎庶。如純孝之子，愛敬父母。於諸眾生，視若自己。一切善本，皆度彼岸。悉獲諸佛，無量功德，智慧聖明，不可思議。如是之等，菩薩大士，不可稱計，一時來會。

注釋

1 法眼：了達眾生種種根器，善知一切救度之法，應機施與，而度脫之。

譯文

菩薩對於一切人、事、物，已經不起分別、執著心，不為法所縛，故能隨意自在成就一切。表現在度生方面，就是對眾生一視同仁，不待人請，主動去授業傳道，他們早已把眾生的幸福快樂一肩挑起，不捨一個，度其成佛；這些大菩薩都能信受行持如來的甚深法藏，同時又能保護其佛種性，永遠安住而不忘失；他們悲憫眾生，以無礙的辯才把佛法的精華妙義毫無保留地傳授於人，令之破迷開悟；他們一面杜絕眾生再次墮落到畜生、餓鬼、地獄之三惡道，同時又為眾生打開了一扇通往西方極樂世界之門，乃至進入三乘涅槃之善門。菩薩就是時常這樣主動把無上之妙法無條件佈施給眾生、無微不至地愛護眾生，就好像孝順的兒子敬愛其父母一樣。菩薩本來就有無緣大慈、同體大悲的襟懷，所以時常以慈眼視眾生，把眾生當作自己來看待。他們所修的六度萬行，乃一切善法的根本。修行圓滿了，便能到達成佛之彼岸，獲得如諸佛一樣的無量功德和廣大無邊、不可思議的智慧。如此有道德、有智慧，如普賢、文殊、彌勒那樣的等覺菩薩，數目多到不可稱説和計算，他們都在同一時間到來，參加這一次法會。

〔現瑞放光〕爾時，世尊諸根悅豫，姿色清淨，光顏巍巍。

〔阿難請問〕尊者阿難，承佛聖旨，即從座起，偏袒右肩，長跪合掌，而白佛言：今日世尊，諸根悅豫，姿色清淨，光顏巍巍，如明鏡淨，影暢表裏。威容顯耀，超絕無量。未曾瞻睹，殊妙如今。

譯文

這時，世尊身心愉悅，神采奕奕，姿色清淨，光彩照人，巍巍可敬。

阿難尊者見佛陀現如此瑞相，領會佛之意旨，就從座位上站起，右肩袒露，兩膝長跪，雙手合掌，恭恭敬敬地問：今天世尊的容顏神采和悅清淨，相好光明，巍巍可敬，就像清淨的明鏡，照影明暢通徹內外，威武的儀容顯明照耀，超凡絕倫。阿難從未見過世尊像今天這樣殊勝美妙！

唯然大聖[1]，我心念言：今日世尊，住奇特之法；今日世雄，住諸佛所住；今日世眼，住導師之行；今日世英，住最勝之道；今日天尊，行如來之德。去、來、現在，佛佛相念，得無今佛，念諸佛耶？何故威神，光光乃爾？

於是世尊告阿難曰：云何阿難！諸天教汝來問佛耶？自以慧見問威顏[2]乎？

**阿難白佛：無有諸天來教我者，自以所見問斯義耳。**

**佛言：善哉！阿難！所問甚快，發深智慧，真妙辯才，愍念眾生，問斯慧義。**

**注釋**

1 大聖：對佛的尊稱，因為佛是一切聖人中之極聖。2 威顏：指佛，因佛說法如獅子吼，有威可畏，故名「威顏」。

**譯文**

是啊，神聖的佛陀！我心裏就想：今日世尊安住於奇特的妙法；今日世上大雄安住於諸佛所住的境界；今日世上佛陀的眼目安住於大導師的道行；今日世上佛陀的英才安住於最殊勝的聖道；今日天上人間最尊貴的佛陀行如來之德。過去、未來、現在諸佛都是佛佛相互憶念，是不是現今的佛陀在憶念諸佛呢？是何原因讓您威武神力光明如此呢？

世尊反問阿難：阿難你認為如何呢？是諸天人教你來問佛陀的嗎？還是你憑自己的智慧來問佛陀為何威武相好光明呢？

阿難稟告說：沒有哪位天神教我來問，是我今天看見世尊神采殊勝，所以想問其中深意。

佛讚歎道：很好！阿難啊！你的問題令人很痛快，是來自很深的智慧，具足真實微妙的辯才，憐憫愛念一切眾生，因此才能問出充滿智慧和有意義的話。

賞析與點評

慈母思及子女的成就，心生歡喜，臉露紅光。同理，佛陀思及阿彌陀佛的大願大德，散發奕奕神光。阿難深知「佛佛相念」的道理，知佛陀心中定有所思，故問佛陀，使眾人受益。

〔出世本懷〕如來以無盡大悲，矜哀三界，所以出興於世，光闡道教[1]，欲拯濟群萌，惠以真實之利。無量億劫，難值難見；猶靈瑞華，時時乃出。今所問者，多所饒益，開化一切諸天人民。

〔福智具足〕阿難當知，如來正覺，其智難量，多所導御。慧見無礙，無能遏絕。以一餐之力[2]，能住壽命億百千劫，無數無量。復過於此，諸根悅豫，不以毀損。姿色不變，光顏無異。所以者何？如來定慧，究暢無極。於一切法，而得自在。阿難！諦聽，今為汝說。

對曰：唯然，願樂欲聞。

注釋　1 道教：正道之教化。2 一餐之力：食有段食、觸食、思食、識食、禪悅食、法喜食、願食、念食和解脱食九種，前四種是世間之食，後五種是出世間之食，而佛以「解脱食」長住於世，色身自在，諸根悦豫。

## 譯文

如來以無盡的大慈悲心憐憫三界內的眾生，所以來到這個世間，光顯闡揚成佛之道，拯救沉溺於茫茫苦海中的眾生，給他們真實的利益。但佛出現於世，無量億劫難得一見，好像優曇花一樣，要好久好久才能開放一次。現在阿難你所問的，對這個世界無量無邊的眾生來說，都能得到大利益，可以開導教化一切天神與世間的人。

阿難！你應當知道，如來所證的正覺，內涵廣大無邊，智慧難以測量，佛因此可以用各種方法教導、調御眾生。佛陀能正確認識世間一切，沒有一絲障礙，沒有任何東西能夠阻止。佛陀以「解脱食」的功力，得色身自在，能安住壽命百千億劫的時間，乃至無量劫。即使住世時間如此之長，如來仍是身心愉悦，不會受到毀壞損傷，姿態膚色不變，容貌光明無異樣。為甚麼能這樣呢？因為如來的禪定與智慧，已經究竟通暢，無有局限，所以能在一切法中，得到最殊勝的大自在。

阿難啊！你們要真誠仔細的聽，我現在為你們講說。

阿難很恭敬地答道：是的，世尊！我們大家都很樂意聽聞。

## 賞析與點評

佛在世時我沉淪，佛滅度後我出生。
懺悔此身多業障，不見如來金色身。

——古德

傳說，優曇花生長在喜馬拉雅山，三千年一開花，開花後很快就凋謝。正如《法華經》云：「佛告舍利弗，如是妙法，如優鉢曇花，時一現耳。」人們常把佛陀出現於世說法度眾比喻為優曇花，十分難得。然而，當佛陀弘法時，我卻在惡道中沉淪；佛陀去世之後，我才來到人世間，只因我業障深重，無緣親耳聽到佛陀說法。

此詩說明人生難得，佛法難聞，聽聞真空妙有的無上大法，更是難上加難。而今，阿難發問，成就了佛陀宣說《無量壽經》的因緣，提醒世人生起對佛陀教法之稀有難得之心。

# 二、法藏發願

本節導讀——

如果說信念決定人生方向，那麼，願力則決定一個人成就的大小。願力不夠強的人，人生一旦遇到挫折，就會退縮；而願力宏大的人，困難越大，越能激發他的潛能，從而釋放出巨大的生命能量，創造生命的奇跡！法藏比丘就是這樣的人，他原為國王，聽聞佛法後立志出家求道，在如來的教導下發下四十八願，勇猛精進，廣修福德、智慧，最終不僅自己修得相好光明，壽命無量，成為阿彌陀佛，而且建成西方極樂淨土，為眾生提供了一個清淨的修道場所。

〔過去因緣〕佛告阿難：乃往過去，久遠無量，不可思議，無央數[1]劫，錠光如來，興出於世，教化度脫，無量眾生，皆令得道，乃取滅度[2]。次有如來，名曰光遠，次名月光、次名栴檀香、次名善山王、次名須彌天冠、次名須彌等曜、次名月色、次名正念、次名離垢、次名無著、次名龍天、次名夜光、次名安明頂、次名不動地、次名琉璃妙華、次名琉璃金色、次名金藏、次名炎光、次名炎根、次名地種、次名月像、次名日音、次名解脫華、次名莊嚴光明、次名海覺神通、次名水光、次名大香、次名離塵垢、次名捨厭意、次名寶炎、次名妙頂、次名勇立、次名功德持慧、次名蔽日月光、次名日月琉璃光、次名無上琉璃光、次名最上首、次名菩提華、次名月明、次名日光、次名華色王、次名水月光、次名除癡冥、次名度蓋行、次名淨信、次名善宿、次名威神、次名法慧、次名鸞音、次名師子音、次名龍音、次名處世。如此諸佛，皆悉已過。

注釋

1 無央數：梵語「阿僧祇」，譯為「無央數」，無盡的數目。2 滅度：滅除一切煩惱，度盡一切苦惱眾生，而證涅槃。

譯文

佛陀告訴阿難：過去無量無數不可思議劫的時候，錠光如來出世，教化度脫無量無數眾生，使他們全部得道，然後才滅度。（阿彌陀佛在因地修行時，便親近、供養錠光佛），接着他又依次親近、供養了五十二尊佛：光遠如來、月光如來、栴檀香如來、善山王如來、須彌天冠如來、須彌等曜如來、月色如來、正念如來、離垢如來、無著如來、龍天如來、夜光如來、安明頂如來、不動地如來、琉璃妙華如來、琉璃金色如來、金藏如來、炎光如來、炎根如來、地種如來、月像如來、日音如來、解脫華如來、莊嚴光明如來、海覺神通如來、水光如來、大香如來、離塵垢如來、捨厭意如來、寶炎如來、妙頂如來、勇立如來、功德持慧如來、蔽日月光如來、日月琉璃光如來、無上琉璃光如來、最上首如來、菩提華如來、月明如來、日光如來、華色王如來、水月光如來、除癡冥如來、度蓋行如來、淨信如來、善宿如來、威神如來、法慧如來、鸞音如來、師（獅）子音如來、龍音如來、處世如來。以上提到的五十二位如來，相繼滅度。

## 賞析與點評

不經一番寒徹骨，怎得梅花撲鼻香？
直饒熱得人流汗，荷池蓮蕊也芬芳。

——古德

佛陀講述法藏比丘修行的經歷。早在過去久遠無量不可思議劫前，從錠光如來起至處世如來止，共有五十二佛出世教化眾生，法藏比丘皆依止這些佛修菩薩道，積諸功德。這是法藏比丘修行的第一個階段，修行時間之長，令人無法想像。這說明菩提聖果是經過長期努力而獲得的。

爾時，次有佛，名世自在王如來、應供、等正覺、明行足[1]、善逝[2]、世間解、無上士[3]、調御丈夫、天人師、佛、世尊。

時有國王，聞佛說法，心懷悅豫，尋發無上正真道意。棄國捐王，行作沙門，號曰法藏。高才勇哲，與世超異。詣世自在王如來所，稽首佛足，右繞[4]三匝，長跪合掌，以頌讚曰：

注釋

1 明行足：智慧、福德圓滿具足之人。明，智慧；行，福德行；足，具足。2 善逝：修正道，向好的去處而去，入於涅槃。善，好；逝，去。3 無上士：在諸法中，涅槃無上；諸人中，佛無上；諸果中，正覺無上。佛在九界眾生中無人能與之相比，故號「無上士」。4 右繞：佛教禮法，以右旋為敬。

譯文

（阿彌陀佛在因地修行時，從錠光佛時開始，親近供養了五十二尊佛。）當他轉生為一位國王時，第五十三尊佛——世自在王如來出世，他擁有十大名號：應供、等正覺、明行足、善逝、世間解、無上士、調御丈夫、天人師、佛、世尊。這也是每一尊佛共同擁有的稱號。這位國王聽到世自在王如來說法之後，心生歡喜，隨即發無上成佛的大願，捨棄王位，捨俗出家而作沙門，法號法藏，才高勇猛，智慧非凡，無人能及。他來到世自在王如來面前，五體投地頂禮佛足，向右繞佛三圈，合掌跪下，以偈讚頌佛的功德：

### 賞析與點評

佛（覺悟的人）有十大名號：如來（乘如實之道來），應供（無上福田，應受人、天供養），等正覺（真正平等覺知一切真理的人），明行足（智慧、福德圓滿具足），善逝（自在好去入於涅槃），世間解（了解世出世間的一切事物），無上士（至高無上之士），調御丈夫（能調御修正道的大丈夫），天人師（天、人導師）和世尊（覺圓德滿，為一切世人所共尊）。這十種稱號通用於每一尊佛。阿彌陀佛在因地修行時，親近擁有以上十種美德的無數聖者，怎能不發成佛大願，步入不退轉的修行大道?!

**〔歎佛功德〕光顏巍巍，威神無極。如是炎明，無與等者。日月摩尼[1]，珠光焰耀，皆悉隱蔽，猶如聚墨。如來容顏，超世無倫，正覺大音，響流十方。**

**注釋**

1 **摩尼**：即摩尼寶珠，出自摩竭魚之腦中，能如自己意願，而變現出種種珍寶，解除眾生貧困；能放射萬丈光芒，除去眾生疾病、愚癡。此寶因而成為消災、吉祥的象徵。

**譯文**

世自在王如來的面容發出紫金色的光芒，令人覺得偉岸莊嚴；如來的威德神力廣大無極，無與倫比；如來的身光光芒萬丈，世上沒有任何發光的東西可以與之相比擬；太陽、月亮、摩尼寶珠皆能發出世間最明亮的光，然而與如來身相發出的光明相比的話，就會黯然失色，簡直就像黑墨一樣；如來的慈悲容貌，超絕世間，無與倫比；如來所宣揚的妙法，聲音響遍十方諸佛國土。

**賞析與點評**

天上天下無如佛，十方世界亦無比，
世間所有我盡見，一切無有如佛者。
——讚佛偈

基督教的《新約》，將基督的教義稱為「福音」；佛教的經典，則把佛所説的法稱為「法音」。福音的「福」對佛教徒來説，只是修人天福報，最多是享受天界福報；可是佛陀的法音，可以幫助眾生除煩惱、越三界、出苦海、成佛道，甚深微妙，無人能及。法藏比丘聽聞佛法後，無限歡喜，出自內心讚歎佛的面相、身相，更讚歎佛之法音，「一切無有如佛者」，因而至誠皈依佛法，終生不悔。

〔請示修行之法〕佛告阿難：法藏比丘說此頌已，而白佛言：唯然世尊！我發無上正覺之心，願佛為我廣宣經法，我當修行，攝取[1]佛國清淨莊嚴無量妙土，令我於世，速成正覺，拔諸生死勤苦之本。

佛告阿難：時世自在王佛語法藏比丘：如所修行，莊嚴佛土，汝自當知。比丘白佛：斯義弘深，非我境界，唯願世尊，廣為敷演諸佛如來淨土之行[2]，我聞此已，當如說修行，成滿所願。

注釋　1 攝取：攝受、獲取。2 淨土之行：成就淨土之行法。

譯文　佛陀告訴阿難：法藏比丘說了以上偈頌後，就稟告世自在王如來說：佛啊！我已經發了無上正覺成佛的菩提心願，願佛世尊為我宣說如何修行的法門，我一定會照着去做，獲取無數佛國最清淨莊嚴微妙之處，作為我追求的目標，使我在這個世間快速成佛，拔除生死痛苦的根源，了生脫死。

佛陀又告訴阿難：當時，世自在王佛十分讚賞地對法藏比丘說：你已經親近過無量諸佛，而且又久修梵行，關於如何修行、如何建立佛國淨土一事，不用我來說，你自己應當早已知道了。

法藏比丘仍不太明白，非常誠懇地對佛說：建立佛國淨土一事太深奧了，絕對不是我所能知能見的境界，唯願世尊為我詳細地開示，究竟諸佛如來是如何成就淨土的？我聽了之後，一定如佛所說的去修行，以期成就我的心願。

**〔修行心要〕爾時，世自在王佛知其高明，志願深廣。即為法藏比丘而說經言：譬如大海，一人斗量，經歷劫數，尚可窮底，得其妙寶。人有至心精進，求道不止，會當剋果，何願不得？**

譯文

當時，世自在王佛知道法藏比丘是一個品行高尚、明白事理、志願深廣的人，為大法器，於是為他說法：譬如大海的水，一望無際，但是若有人用斗持之以恒地去取水，經歷無量無數劫時間，最後也能將水汲乾，獲取海底珍寶；同樣，儘管法門深廣如大海，只要你有恒心，至誠專一，精進不退，必然能獲得所求之佛果，就連成佛都不成問題了，還有甚麼心願是不能實現的呢？

## 賞析與點評

佛陀繼續講述世自在王佛對法藏比丘教誡的心要，「至心精進，求道不止」。換而言之，修行若「一曝十寒」，再淺的法也難知皮毛；若能精進不懈，再難的法也能參透。

於是世自在王佛，即為廣說二百一十億諸佛剎土，天人之善惡，國土之粗妙，應其心願，悉現與之。時彼比丘，聞佛所說，嚴淨國土，皆悉睹見。超發無上殊勝之願。其心寂靜，志無所著[1]，一切世間，無能及者。具足五劫，思惟攝取，莊嚴佛國，清淨之行。

阿難白佛：彼佛國土，壽量幾何？佛言：其佛壽命，四十二劫。

注釋

1 志無所著：立志證入無所執著的境界。

## 譯文

於是，世自在王佛即為法藏比丘詳細介紹了二百一十億個諸佛國土的情景，比較它們的優劣，講述這些地方眾生之善與惡、國土之粗與妙。為了滿足法藏比丘的心願，佛還以神通之力將所說的諸佛剎土，一一展現在他的面前。

這時，法藏比丘聽了世自在王佛的介紹，又親眼目睹了這些諸佛世界，隨即發起無上的殊勝大願，心無他念，一心努力建造清淨佛土，志向高遠無比，一切世間無人能及。就這樣，整整修了五劫，一心一意攝取建立莊嚴佛國的清淨之因，終於建成集十方佛國之美好於一身的絕妙淨土——西方極樂世界，以及世人所不能企及的清淨之行。

阿難聽完法藏比丘的修行經歷，心中便生起了一個疑問：世自在王佛和其國人民的壽命到底有多長呢？

佛陀說：這位佛應身的壽命有四十二劫。

## 賞析與點評

也許有人認為，佛國淨土必定都是清淨莊嚴，奇妙無比。其實不然，譬如說，佛陀所教化的娑婆世界，除證道的聖賢外，也有地獄、餓鬼、畜生三惡趣的不善眾生。所以自在王如來向法藏比丘介紹了二百一十億佛國淨土，有淨有穢，有善有惡，有粗有妙，其目的是讓法藏比丘博取眾淨土之長，避開一切穢土的缺點，以便他將來建立超越一切佛國的西方極樂世界。

**時法藏比丘，攝取二百一十億諸佛妙土清淨之行。如是修已，詣彼佛所，稽首禮足，繞佛三匝，合掌而住，白佛言：世尊！我已攝取莊嚴佛土、清淨之行。佛告比丘：汝今可說，宜知是時，發起悅可一切大眾。菩薩聞已，修行此法，緣致滿足無量大願。**

**比丘白佛：唯垂聽察，如我所願，當具說之。**

譯文

法藏比丘用了五大劫的時間，完成了攝取二百一十億諸佛刹土微妙之處後，又回到老師世自在王佛面前，頂禮佛足，右繞三遍，然後合掌立於佛前，稟告佛說：世尊！莊嚴二百一十億諸佛國土的清淨之行，我都已經修持圓滿了。

世自在王佛非常歡喜地對他說：今天正是時候了，你應該把你的大願，詳細地向大眾宣佈，好讓大家聽了都生歡喜心，同時也能使那些已發菩提心之菩薩，聽到你的大願之後，都來效法你，一心修行淨土法門，以此因緣，圓滿成就你普度眾生之大願。

法藏比丘很恭敬地向世自在王佛說：我佛慈悲，請細聽我所發的四十八個大願，為之審察、鑒定。

賞析與點評

法藏比丘憑藉巨大的願力，用了五劫的時間，不僅建成了博取眾佛國之所長的清淨莊嚴的極樂世界，而且還不辭勞苦地接引眾生往生到極樂國土。法藏比丘的四十八大願何以有如此巨大的威力？下文將作詳細解讀。

**設我得佛，國有地獄、餓鬼、畜生者，不取正覺。**

譯文　當我成佛的時候，如果國中有地獄、餓鬼、畜生三惡道的話，我就不成佛！

賞析與點評

佛教將眾生分為四聖（聲聞、緣覺、菩薩、佛）和六凡（天、人、阿修羅、畜生、餓鬼、地獄）兩大類。六凡中的地獄、餓鬼、畜生稱為三惡道。有這些眾生存在的地方，貪、嗔、癡、慢、疑不止，爭鬥不斷。所以，法藏比丘所發的第一願是「國中無三惡道願」，即社會中沒有邪惡之人，因為風氣好的社會才是理想的社會。

**設我得佛，國中人天，壽終之後，復更三惡道者，不取正覺。**

譯文

當我成佛的時候，若我佛國之中的天人，命終以後，還會墮落地獄、餓鬼、畜生三惡道的話，我誓不成佛！

賞析與點評

「不復更生惡道願」是法藏比丘發的第二願，因眾生一旦往生到極樂淨土，無時無刻不在聽聞諸佛菩薩的教誨，去惡從善，不斷向上，根本沒有再墮入三惡道受苦的可能。好的教化，不僅會防止人變壞，而且可令人向善，人人具有向善的心，才是理想的社會。

**設我得佛，國中人天，不悉真金色者，不取正覺。**

**譯文** 當我成佛的時候，若我佛國之中的天人，身體不與諸佛一樣，全部都是紫磨真金色的話，我誓不成佛！

### 賞析與點評

在我們這個世界，種族歧視皆因有分別執著心而起，因而紛擾不寧，爭鬥不息。法藏比丘所發的第三願是「各得真金色身願」。在眾相中，以紫磨金色最為尊貴，令人一見生歡喜心、恭敬心。西方極樂世界的眾生，並非都由一個模子刻出來的，而是相由心生。因眾生心善而面善，不會生起分別執著之心，紛爭自然平息，這才是理想的社會。

**設我得佛，國中人天，形色不同，有好醜者，不取正覺。**

譯文　當我成佛的時候，若我佛國之中的天人，身體相貌有所不同、有美有醜的話，我誓不成佛！

賞析與點評

依據佛教的因果律，修行必有福報，分依報與正報兩種。往生西方極樂國土的眾生，其身體依過去的善業而感召莊嚴慈悲之相，這就是法藏比丘所發的第四願——「相貌無有好醜願」。

**設我得佛，國中人天，不識宿命，下至知百千億那由他，諸劫事者，不取正覺。**

譯文　當我成佛的時候，若我佛國之中的天人，不能知道過去之事，乃至不能知道過去百千億那由他（億）劫之事的話，我誓不成佛！

賞析與點評

若問前生事，今生受者是；
若問後世事，今生做者是。

——《佛說三世因果經》

人類自詡為萬物之靈，其實連明天會發生甚麼事都無法知曉，更不用說生自何來，死去何處。有天眼通的人則不然，能知過去、現在、未來一切事。因知前世所造惡業今世必受報，雖受苦而無怨；知今世種惡因，來世必受報，無時無刻不精進修行，以求來世得善果。故知法藏比丘所發的第五——「宿命通願」，是建立理想社會的基石。

**設我得佛，國中人天，不得天眼，下至見百千億那由他諸佛國者，不取正覺。**

譯文　當我成佛的時候，若我佛國之中的天人，不能獲得天眼，乃至不能看見百千億那由他諸佛世界的話，我誓不成佛！

## 賞析與點評

人們常說的「千里眼」，僅能見到千里外之物，而得天眼通的人能觀三千大千世界、六道眾生之事，隨緣救度有緣人，離苦得樂。如佛陀的十大弟子之一目乾連，他用天眼尋找去世的母親，看見母親墮落在餓鬼道之中受苦，於是設法去濟度她，最終使其母得生天上享樂。故知法藏比丘所發的第六——「天眼徹視願」，是方便救度眾生的法寶。

**設我得佛，國中人天，不得天耳，下至聞百千億那由他諸佛所說，不悉受持者，不取正覺。**

### 譯文

當我成佛的時候，若我佛國之中的天人，不能獲得天眼，乃至不能聽到百千億那由他諸佛說法，並且不能全部牢記在心的話，我誓不成佛！

## 賞析與點評

人們常說的「順風耳」，僅能聽到千里外的聲音，今日人間的電臺、電視、電腦，用電波傳遞聲音、影像，也沒有突破地球的範圍。而「天耳通」則能使人聽聞十方諸佛說法，並能如同觀世音菩薩那樣循聲救苦。故知法藏比丘所發的第七願——「天耳徹聽願」，不僅可使人聞法，更強調方便救眾。

**設我得佛，國中人天，不得見他心智，下至知百千億那由他諸佛國中眾生心念者，不取正覺。**

**譯文**　當我成佛的時候，若我佛國之中的天人，不能知道他人心想，乃至不能知道百千億那由他諸佛世界眾生心念的話，我誓不成佛！

賞析與點評

在漫長的人生中，我們總會經歷形形色色的誤解和被誤解，感到無奈、傷心和憤怒。誤解若不能得到及時化解，輕則折磨人的身心，重則激化矛盾，引發生死博弈，這一切皆因無法了知他人內心所思所致。法藏比丘所發的第八願——「他心通願」，不僅能知他人所思，而且能了知六道眾生心中所想所思，知己知彼，應機說法，契機度眾，令眾生離苦得樂，轉凡入聖。

**設我得佛，國中人天，不得神足，於一念頃，下至不能超過百千億那由他諸佛國者，不取正覺。**

譯文　當我成佛的時候，若我佛國之中的天人，不能獲得神足通，乃至一念之間，不能超越百千億那由他諸佛世界的話，我誓不成佛！

賞析與點評

現代交通工具的速度雖快，快不過光速，而比光速更快的是人的心念。法藏比丘所發的第九願——「神足飛行願」，就是能隨心所欲，來去自由，聞法度眾生。

**設我得佛，國中人天，若起想念貪計身者，不取正覺。**

譯文　當我成佛的時候，若我佛國之中的天人，心中還執著有我的話，我誓不成佛！

賞析與點評

人們因我執而起我想，有想則起貪嗔癡等妄念，煩惱不斷。法藏比丘所發的第十願——「無有我執願」，指往生極樂國土的人，因已去除我執而無貪嗔癡等妄念，身心清淨，快樂自在。

**設我得佛，國中人天，不住定聚[1]，必至滅度者，不取正覺。**

注釋　1 定聚：必定能成佛的聖者聚集在一起。

譯文　當我成佛的時候，若我佛國之中的天人，不能住於一定能夠成佛的定聚、證得不退轉菩薩、最終必定成佛的話，我誓不成佛！

## 賞析與點評

齊宣王讓淳于髡舉薦人才。淳于髡一天之內接連向齊宣王推薦了七位賢能之士。齊宣王感到很驚訝：「人才如此難得，你一天之內就推薦了七位，哪有這麼多賢士?!」淳于髡回答：「同類的鳥兒總聚在一起飛翔，同類的野獸總是聚在一起行動。我大既也算個賢士，所以讓我舉薦賢士，就如同在河裏取水一樣容易。」

這就是「物以類聚，人以群分」這一典故的來源。三惡道的眾生沒有資格往生西方極樂國土，往生者都是一心向善之人。這就是法藏比丘所發的第十一願——「住正定聚願」。諸上善人聚集的社會，才是理想的社會。

**設我得佛，光明有限量，下至不照百千億那由他諸佛國者，不取正覺。**

譯文　當我成佛的時候，若我光明有限，乃至不能遍照百千億那由他諸佛世界的話，我誓不成佛！

賞析與點評

光明寂照遍河沙，凡聖含靈共我家；
一念不生全體現，六根才動雲遮天。

——唐．張拙

法藏比丘通過無量劫的修行，而成無量光佛，其佛性之光，遍照虛空法界，驅散眾生心中的黑暗。這是法藏比丘所發的第十二願——「光明無量願」。

**設我得佛，壽命有限量，下至百千億那由他劫者，不取正覺。**

譯文

當我成佛的時候，若我壽命有限，乃至不能達到百千億那由他劫的話，我誓不成佛！

賞析與點評

阿彌陀佛過去無量劫以來所積累的功德，感正報莊嚴，壽命無限量，就是其中之一。這就是法藏比丘所發的第十三願——「壽命無量願」。

**設我得佛，國中聲聞，有能計量，乃至三千大千世界眾生，悉成緣覺，於百千劫，悉共計校，知其數者，不取正覺。**

譯文

當我成佛的時候，若我佛國之中聲聞弟子數量能夠計算，乃至三千大千世界眾生悉皆證得緣覺，在百千劫時間中，如果能夠計算出他們的總數，我誓不成佛！

賞析與點評

佛陀無問自說淨土的殊勝法門，無數聲聞弟子依教修習，往生淨土。故《佛說阿彌陀經》云：「彼佛有無量無邊聲聞弟子，皆阿羅漢，非是算數之所能知。」這就是法藏比丘所發的第十四願——「聲聞無數願」。

**設我得佛，國中人天，壽命無能限量。除其本願，修短自在。若不爾者，不取正覺。**

**譯文**　當我成佛的時候，我佛國之中的天人，壽命無邊無量。除他原本有願，不求長壽，壽命長短隨心自在。倘若不能這樣的話，我誓不成佛！

## 賞析與點評

四十未為老，憂傷早衰惡。前歲二毛生，今年一齒落。
形骸日損耗，心事同蕭索。夜寢與朝餐，其間味亦薄。
同歲崔舍人，容光方灼灼。始知年與貌，衰盛隨憂樂。
畏老老轉迫，憂病病彌縛。不畏復不憂，是除老病藥。

——唐·白居易

孔子說「仁者壽」，仁者就是道德高尚、助人為樂、成人之美的君子。他們心地寬廣，自然能夠健康長壽。小人作惡多端，生怕壞事敗露，整日擔心憂愁，如坐針氈，怎麼能不短命呢？在淨土中的都是善人，過着無憂無慮的生活，所以壽命特別長。然而，也有人願意倒駕慈航，回到娑婆世界度眾生，隨其本願，壽命可長可短。這就是法藏比丘所發的第十五願——「壽命長短隨意願」。

**設我得佛，國中人天，乃至聞有不善名者，不取正覺。**

**譯文**　當我成佛的時候，（我之國土將充滿美善，沒有一絲醜惡。）我佛國之中的天人，連不善的名字都不會聽到，否則我誓不成佛！

賞析與點評

《大學》中有一句話：「大學之道，在明明德，在親民，在止於至善。」這樣的理想社會，在現實中難以找到，但在極樂世界，卻很容易見到。《佛說阿彌陀經》云：「彼佛國土，無三惡道……其佛國土，尚無惡道之名，何況有實？」只有一心向善的人才能往生西方極樂世界。換而言之，極樂淨土沒有心地不善之人，更何況是不善之名呢？這就是法藏比丘所發的第十六願——「不聞惡名願」。

**設我得佛，十方世界，無量諸佛，不悉諮嗟稱我名者，不取正覺。**

譯文　當我成佛的時候，十方世界無量諸佛若不一致讚歎稱頌我名號的話，我誓不成佛！

賞析與點評

在《佛說阿彌陀經》中，不僅釋迦世尊讚歎阿彌陀佛名號，十方三世一切諸佛也同時讚歎阿彌陀佛的殊勝功德，使得聞其名號者，產生信心，種下得救的種子。這就是法藏比丘所發的第十七願——「諸佛稱名讚歎願」。

**設我得佛，十方眾生，至心信樂，欲生我國，乃至十念。若不生者，不取正覺。唯除五逆，誹謗正法。**

譯文　當我成佛的時候，十方世界一切眾生，即便是犯有殺父、殺母、殺阿羅漢、分裂和合僧團、出佛身血五逆罪以及誹謗正法的人，只要一心一意，相信並且發願求生我國，這樣的善念，即使只有十個，（也能往生我國；）倘若不能往生，我誓不成佛！

賞析與點評

若人散亂心，入於塔廟中；
一稱南無佛，皆已成佛道。
——《妙法蓮華經》

《六祖壇經》云：「一念迷即是眾生，一念覺即是佛。」一個人既造五逆重罪，又誹謗正法，臨命終時，地獄苦相現前。該人若心生恐怖，一聞佛名，哀求救護，只要念一句佛，善心生起，便是該人轉迷成悟的轉折點，成為被阿彌陀佛救度的因緣。這就是法藏比丘所發的第十八願——「念佛往生願」。此願成為彌陀淨土念佛法門思想史上最重要的一願，更是後世「持名念佛」、「聞名往生」西方極樂世界的依據。

設我得佛，十方眾生，發菩提心，修諸功德，至心發願，欲生我國。臨壽終時，假令不與大眾圍繞現其人前者，不取正覺。

**譯文**　當我成佛的時候，十方世界一切眾生，倘若能夠生起成佛度眾生的菩提心，修持種種功德，至誠發願，欲生我國，此人臨終時，如果我不與菩薩等大眾出現在此人面前，我誓不成佛！

## 賞析與點評

「臨終接引願」是法藏比丘所發的第十九願，是淨土法門的另一個重要本願，在至心發願往生極樂國土的基礎之上，強調「發菩提心」、「修諸功德」是往生淨土極其重要的條件。如按此修行，阿彌陀佛與諸聖眾親自來迎。

**設我得佛，十方眾生，聞我名號，繫念我國，植諸德本，至心迴向，欲生我國。不果遂者，不取正覺。**

**譯文**　當我成佛的時候，十方世界一切眾生，聽說我的名號，一心一意，心中繫念我國，修行諸善，真誠迴向功德，想要憑此功德求生我國，如果不能遂心如願往生我國的話，我誓不成佛！

賞析與點評

日落西山暮鼓催，娑婆八苦實堪悲！
世出世間思惟遍，不念彌陀更念誰？

——古德

《佛遺教經》云：「制心一處，無事不辦。」人若能把心專注於一處，沒有辦不成的事。同理，任何人若能一心「繫念」阿彌陀佛名號，一心不亂，得念佛三昧，定能往生西方極樂淨土。這就是法藏比丘所發的第二十願——「繫念定生願」。該願的「繫念往生」與第十八願的「聞名往生」對後世影響很大，指出了往生極樂淨土的方法。

**設我得佛，國中人天，不悉成滿三十二大人相者，不取正覺。**

譯文　當我成佛的時候，若我佛國之中的天人，不與諸佛一樣，個個悉皆具有三十二相的話，我誓不成佛！

## 賞析與點評

《法界次第初門》云：「如來應化之體，現此三十二相以表法身，眾德圓極，使見者愛敬，知有勝德可崇。人天中尊，眾聖之王，故為現三十二相。」（T46.696b5-7）人們常以三十二相來描述諸佛菩薩之外相，逐漸成為世間最尊最貴之相的代名詞。往生極樂國土之人，生前修福積德，招感三十二相，這是法藏比丘所發的第二十一願——「三十二相願」。

**設我得佛，他方佛土諸菩薩眾，來生我國，究竟必至一生補處。除其本願，自在所化。為眾生故，被弘誓鎧。積累德本，度脫一切。遊諸佛國，修菩薩行。供養十方諸佛如來。開化恒沙無量眾生，使立無上正真之道，超出常倫諸地之行，現前修習普賢之德。若不爾者，不取正覺。**

### 譯文

當我成佛的時候，其他諸佛世界菩薩生到我國，一定能夠獲得一生補處菩薩果位。除其原先有願，為了自在化現種種身形，以度化不同的眾生，不願進取一生補處之位外，這些菩薩誓願堅定宏大，他們修善積德，普度一切眾生，來往於諸佛世界，修菩薩行，供養十方諸佛如來，開導教化像恒河之沙一樣多的眾生，使他們修行無上的佛道。這些菩薩的修行，已經超出一般的次第。他們示現修習普賢菩薩德行，世界無盡，眾生無盡，他們普度眾生的誓願亦無盡。倘若不能這樣的話，我誓不成佛！

### 賞析與點評

「一生補處願」是法藏比丘所發的第二十二願。一生補處是菩薩之最高位，經過此生，來生定可成佛。如彌勒現為一生補處的菩薩。本願指凡是往生極樂國的眾生，最終都能修成一生補處位的菩薩。但是，若有人發願往生他國度眾生、積功德的，將隨其心願，待一切眾生度盡之後，方登一生補處位的大菩薩。

**設我得佛，國中菩薩，承佛神力供養諸佛，一食之頃，不能遍至無數無量億**

**那由他諸佛國者，不取正覺。**

譯文　當我成佛的時候，若我佛國之中的菩薩，承蒙佛的神力，不能在一頓飯的時間內，到達無量無數億那由他諸佛世界，遍供一切諸佛的話，我誓不成佛！

賞析與點評

《四十二章經》云：「飯惡人百，不如飯一善人；飯善人千，不如飯一持五戒者；飯五戒者萬，不如飯一須陀洹；飯百萬須陀洹，不如飯一斯陀含；飯千萬斯陀含，不如飯一阿那含；飯一億阿那含，不如飯一阿羅漢；飯十億阿羅漢，不如飯一辟支佛；飯百億辟支佛，不如以三尊之教度其一世二親；教親千億，不如飯一佛，學願求佛，欲濟眾生也。飯善人，福最深重。」（T17.722c1-8）法藏比丘所發的第二十三願——「一時普供諸佛願」，是指往生西方極樂世界的人有能力於飯食頃，供養十方諸佛，聽聞正法，積累功德。

**設我得佛，國中菩薩，在諸佛前，現其德本，諸所欲求供養之具，若不如意**

者，不取正覺。

**譯文** 當我成佛的時候，我佛國之中的菩薩，在諸佛面前修行諸善，倘若他們想要得到的供品、供具不能隨心所願的話，我誓不成佛！

### 賞析與點評

佛門常以淨水、燒香、鮮花、水果、食物、點燈等來供佛，頗具深意：清淨的心如淨水，照見萬物本來面貌；嚴持淨戒之人所發出的戒德之香，如香熏四方，利益人天；精修六度萬行如鮮花，莊嚴無上佛果；「果」代表果報，提醒自己種善因得善果，種惡因必得惡報；「食物」代表佈施，提醒自己要常行佈施，以利益一切眾生；「點燈」代表智慧和光明，提醒自己要追求智慧和光明，以去除愚癡和煩惱。往生西方極樂世界的眾生，因各自前世所修無量福德善根，能如意自在，隨意獲取香、花、燈等供具，在供養諸佛的同時，藉供養之物起觀照，精進修行。這就是法藏比丘所發的第二十四願——「供具如意願」。

**設我得佛，國中菩薩，不能演說一切智者，不取正覺。**

譯文　當我成佛的時候，若我佛國之中的菩薩，不能演說諸佛至高無上的一切智慧，我誓不成佛！

### 賞析與點評

佛有三智：一切智、道種智、一切種智。「一切智」是聲聞、緣覺的觀空之智；「道種智」是菩薩了知各種修行法門的觀有之智；「一切種智」則是雙觀空、有不二之全知全能之智。往生極樂國土的眾生皆已獲得「一切智」，能以佛智為眾生演說法要，利益人天。這就是法藏比丘所發的第二十五願——「說法如佛願」。

**設我得佛，國中菩薩，不得金剛那羅延身者，不取正覺。**

譯文　當我成佛的時候，國中的菩薩，如果有人沒有證得金剛不壞之身和好像那羅延

(Narayana)般強大的體力的話，我誓不成佛！

賞析與點評

凡人的身體，羸弱多病，無威神相。而往生西方極樂世界的眾生，蓮花化生，身形高大而威武有力，如同大力天神那羅延那樣，不衰不壞。這就是法藏比丘所發的第二十六願——「金剛之身願」。

**設我得佛，國中人天，一切萬物，嚴淨光麗，形色殊特，窮微極妙，無能稱量。其諸眾生，乃至逮得天眼，有能明了，辨其名數者，不取正覺。**

譯文

當我成佛的時候，我佛國之中的天人，一切萬物，盡皆清淨莊嚴、光彩美麗，形態殊勝無比，微妙精巧，妙不可言。這裏的眾生，乃至那些證得天眼通的人，倘若能夠清楚分辨這些萬物的名字以及數量的話，我誓不成佛！

賞析與點評

法藏比丘在世自在王佛的指點下，花了五劫時間建成了集二百一十億諸佛淨土之美好於一身的西方極樂世界。在此莊嚴勝妙的淨土中，不僅眾生的身心莊嚴清淨，一切萬物也都光麗、殊勝、微妙，即使是得到天眼的眾生，也無法辨清極樂世界正依報的殊勝莊嚴。這就是法藏比丘所發的第二十七願——「莊嚴無盡願」。

**設我得佛，國中菩薩，乃至少功德者，不能知見其道場樹無量光色，高四百萬里者，不取正覺。**

譯文

當我成佛的時候，國中的菩薩，包括久修的地上菩薩和那些發心不久積集很少功德的菩薩，如果有人不能親知親見我成佛時的道場樹，不能看到道場樹所散發四百萬里的無量光明的話，我誓不成佛！

賞析與點評

佛陀在畢波羅樹下成道，該樹助佛成道，而被稱為道場樹；該樹成就佛陀獲得無上的智慧，被稱為菩提樹，即智慧之樹。法藏比丘也是在樹下成道，其樹能發出四百里的無量光明，令人見後生道心，修行得智慧。法藏比丘所發的第二十八願——「菩薩道樹普見願」，因而具有特殊的修道意義。

**設我得佛，國中菩薩，若受讀經法，諷誦持說，而不得辯才智慧者，不取正覺。**

譯文　當我成佛的時候，國中的菩薩，如果有人受持讀誦經法，深入經藏，又如法修行，並為人演說開示，倘若不能智慧增長、辯才無礙的話，我誓不成佛！

賞析與點評

西方極樂淨土中的眾生在依諸佛菩薩學習佛法的同時，為他人演說自己的所知所學，教和學互相影響促進，而得無礙辯才智慧，共有四種：於教法無滯者為法無礙；於教法所詮釋的義理無滯者為義無礙；於諸方的語言辭措通達無滯者為辭無礙，以上三種無礙智慧，為眾生樂說經法自在無滯者為樂說無礙。法藏比丘所發的第二十九願——「辯才無礙願」，令極樂國土的眾生，都能具備四種無礙辯的智慧，可為眾生自在說法，了無滯礙。

**設我得佛，國中菩薩，智慧辯才，若可限量者，不取正覺。**

譯文　當我成佛的時候，國中的菩薩，他們的智慧和辯才，如果是可以限量的話，我誓不成佛！

賞析與點評

但得見彌陀，何愁不開悟。
——古德

往生極樂世界的人，每天都能得到阿彌陀佛的親自教導，又時常和觀音、勢至、文殊、普賢等諸大菩薩在一起談經論道，能獲得無礙的智慧和辯才也是情理中的事。這就是法藏比丘所發的第三十願——「辯智無窮願」。

**設我得佛，國土清淨，皆悉照見十方一切無量無數不可思議諸佛世界，猶如明鏡，睹其面像。若不爾者，不取正覺。**

## 譯文

當我成佛的時候，國土要清淨無垢，可以照見十方無量諸佛世界，以及這些世界中的一切人、事和物，就好像在明淨的鏡子前，看見自己的面像那麼清晰。倘若不能這樣的話，我誓不成佛！

## 賞析與點評

《華嚴經》說：「於彼鏡中，見無量刹。一切山川，一切眾生，地獄餓鬼，若好若醜，形類若干，悉於中見。」《華嚴經》所說的鏡子，正與法藏比丘所發的第三十一願——「國土清淨願」

有異曲同工之妙。清淨的西方極樂世界，猶如明鏡，嚴淨光麗，令人生起往生淨土之心。

**設我得佛，自地以上，至於虛空，宮殿樓觀，池流華樹，國中所有一切萬物，皆以無量雜寶，百千種香，而共合成，嚴飾奇妙，超諸天人。其香普熏十方世界，菩薩聞者，皆修佛行。若不爾者，不取正覺。**

譯文

當我成佛的時候，下從地起，上至虛空，除了眾生，其中所有的宮殿、樓觀、池流、華樹，以及一切萬物，都是由無量珍寶、無量香氣組成的。如此奇妙的莊嚴修飾，超過了天上人間一切之所有。最不可思議的是，一切萬物，都能散發出微妙的香氣，這種香氣沒有國界，能夠普熏十方無量世界，使在這些世界中的菩薩，一聞到這種香氣便身心自然清淨，全都修習佛所教導的淨土念佛法門。倘若不能這樣的話，我誓不成佛！

賞析與點評

依佛教因果律，種善因，得善果。得生西方極樂世界的眾生，皆積德行善所致，必招正、依二報。法藏比丘所發的第三十二願——「國土嚴飾願」，便是依報，感得莊嚴的宮殿、樓閣、水池、流水、花果、樹木等人們賴以生存的環境形成。

**設我得佛，十方無量不可思議諸佛世界眾生之類，蒙我光明，觸其身者，身心柔軟，超過天人。若不爾者，不取正覺。**

譯文

當我成佛的時候，十方無量無數諸佛世界一切眾生，一旦接觸到我的光明，即身心柔軟，超過天人。倘若不能這樣的話，我誓不成佛！

賞析與點評

「光明無量」是法藏比丘所發的第十二願，講的是光的本體，盡虛空遍法界，而「蒙光觸身獲益願」是法藏比丘所發的第三十三願，講的是光之用，有四種功能：（1）觸光安樂。眾生的身，有種種病苦；眾生的心，有種種煩惱，若蒙彌陀光明觸照，身心都感到無比安樂。（2）慈心作善。蒙佛光明觸照的人，心生慈悲，喜歡行善，拔苦與樂。（3）身心清淨。蒙佛光明觸照的人，內心沒有污染，行為沒有罪惡，身心都很清淨安祥。（4）智慧增長。蒙佛光明觸照的人，智慧大開，好像從大夢中醒來，頓見一切事物的事實真相。

**設我得佛，十方無量不可思議諸佛世界眾生之類，聞我名字，不得菩薩無生法忍、諸深總持者，不取正覺。**

**譯文**

當我成佛的時候，十方無量世界的一切眾生，一聽到我的名號，如果有人沒有證得永離生死之無生法忍和諸深總持（如實知道萬法之實相）的話，我誓不成佛！

**賞析與點評**

往生極樂淨土的眾生總一切法，持無量義，領悟緣生緣滅之道，通曉不生不滅之理，入見道初地，無須強忍也能心安神定，這就是法藏比丘所發的第三十四願——「聞名得忍願」，能令人持善不失，去一切惡而不起，故名總持（dharani）。

**設我得佛，十方無量不可思議諸佛世界其有女人，聞我名字，歡喜信樂，發菩提心，厭惡女身，壽終之後，復為女像者，不取正覺。**

**譯文**

當我成佛的時候，十方無量諸佛世界中，有無量的女人，聽到我的名字，就很歡喜、深信和樂意往生我的世界，進而發菩提心，厭惡憂患重重的女身，此人命終之後，假如再獲女身的話，我誓不成佛！

## 賞析與點評

自有人類以來，女人的痛苦總比男人多。基於此理解，法藏比丘善巧方便，發第三十五願——「永離女身願」，只是吸引女性學佛的方便之說，因為極樂世界的眾生皆是蓮花化生，並無男女之別。更有趣的是，《法華經》就有龍女成佛之說，足見佛教並非歧視女性之教。

**設我得佛，十方無量不可思議諸佛世界諸菩薩眾，聞我名字，壽終之後，常修梵行，至成佛道。若不爾者，不取正覺。**

**譯文**

當我成佛的時候，十方無量世界的一切菩薩眾，聽到我的名字，至心念佛，求生極樂，壽終之後，必定往生，在極樂世界，常修梵行，一直到成佛。如果不是這樣的話，我誓不成佛！

**賞析與點評**

三界輪迴淫為本，六道往返愛為基。可見有淫就有生死，斷淫就斷生死。

——虛雲

魔王原本是個修禪修善之人，升天後仍不斷淫欲，落入魔道。所以，佛教把修清淨無欲之「梵行」視為修行第一要務。往生西方極樂世界的人，在諸佛菩薩的教導下，會放下萬緣，六根清淨，常行梵行。這就是法藏比丘所發第三十六願——「勤修必成佛道願」。

**設我得佛，十方無量不可思議諸佛世界諸天人民，聞我名字，五體投地，稽首作禮，歡喜信樂，修菩薩行。諸天世人，莫不致敬。若不爾者，不取正覺。**

### 譯文

當我成佛的時候，十方無量無數諸佛世界的天人，聽聞我名，五體投地，頂禮膜拜，生歡喜心，信仰堅定，修菩薩行；所有的天神以及世人，見之莫不致敬。倘若不能這樣的話，我誓不成佛！

### 賞析與點評

「人天禮敬願」是法藏比丘所發的第三十七願，有兩個要點：（1）天上地下，一切眾生，聞無量壽佛名號，無不肅然起敬，一心念佛，在中國因而有「家家阿彌陀，戶戶觀世音」之習俗；（2）一心念佛之人，心淨而面善，人見人敬。

**設我得佛，國中人天，欲得衣服，隨念即至，如佛所讚，應法妙服，自然在身。若有求裁縫染治浣濯者，不取正覺。**

**譯文**　當我成佛的時候，我佛國之中的天人，所需衣服，隨念即至，像佛所讚歎的袈裟法服，自然在身，無需索求。倘若還要裁剪縫補、印染洗刷的話，我誓不成佛！

### 賞析與點評

朝朝暮暮營家計，昧昧昏昏白了頭。
是是非非何日了，煩煩惱惱幾時休。
——明．羅狀元

自古以來，世人為衣食勞碌終生，為了求取生活所需，鋌而走險喪失生命者有之，不擇手段造作罪業者亦有之。法藏比丘所發的第三十八願——「衣服隨念願」，確保極樂國土的眾生，善報所感，思衣得衣，思食得食，在無憂無慮的環境中安心用功修道，定能早成佛道。

**設我得佛，國中人天，所受快樂，不如漏盡比丘者，不取正覺。**

**譯文**　當我成佛的時候，我佛國之中的天人，倘若不能快樂無憂，像斷盡煩惱漏盡比丘一樣的話，我誓不成佛！

賞析與點評

阿羅漢已斷盡三界中貪、嗔、癡、慢、疑、邪見等煩惱，眼、耳、鼻、舌、身等感官與外界接觸時一塵不染，安樂自在。往生極樂國土的眾生也是如此，因是蓮花化生，清淨無垢，無我和我所，與空相應，其所享受的快樂不少於阿羅漢的清淨快樂。這就是法藏比丘所發的第三十九願——「受樂無染願」。

**設我得佛，國中菩薩，隨意欲見十方無量嚴淨佛土，應時如願，於寶樹中，皆悉照見，猶如明鏡，睹其面像。若不爾者，不取正覺。**

譯文

當我成佛的時候，我佛國之中的菩薩，可以隨心所欲，隨時目睹十方無量無數清淨莊嚴諸佛世界。十方無量諸佛世界，映現於寶樹之中，就像明鏡照面，清清楚楚。倘若不能這樣的話，我誓不成佛！

賞析與點評

我們有幸生於第五媒體時代，手機、移動電視、網絡等新媒體隨時將世界各地的信息傳送到我們面前。然而，極樂世界的寶樹能及時傳遞宇宙內的信息，展現出「一花一世界，一葉一如來」的美妙境界。這就是第四十願——「樹現佛剎願」的核心內容，與「國土清淨願」（第三十一願）類似，但此願是從觀寶樹而知十方淨土之莊嚴。

**設我得佛，他方國土，諸菩薩眾，聞我名字，至於得佛，諸根缺陋，不具足者，不取正覺。**

譯文

當我成佛的時候，他方世界一切菩薩，聽聞我名，都能諸根不缺，六根齊全，相貌端莊，直至成佛。倘若不能這樣的話，我誓不成佛！

設我得佛，他方國土，諸菩薩眾，聞我名字，皆悉逮得清淨解脫三昧，住是三昧，一發意頃，供養無量不可思議諸佛世尊，而不失定意。若不爾者，不取正覺。

**譯文**

當我成佛的時候，他方世界一切菩薩，聽聞我名，都能獲得脫離一切繫縛的清淨解脫三昧。身處這樣的禪定之中，能夠一念之間供養無量無數諸佛世尊，雖然供養了無量無數諸佛如來，卻不會失去定意。倘若不能這樣的話，我誓不成佛！

**賞析與點評**

清淨佛法舌蓮香，解脫之道好宣揚；
莫談世間塵勞事，急念彌陀往西方。

——古德

佛教的行法，有難行道和易行道，「念佛三昧」屬於易行道，只要聽聞阿彌陀佛名號，一心念佛，即可證得寂而常照、照而常寂的清淨心和智慧，故能於一動念間，不失定意去供養十方無量諸佛。這就是法藏比丘所發的第四十二願——「定中供佛願」。

**設我得佛，他方國土，諸菩薩眾，聞我名字，壽終之後，生尊貴家。若不爾者，不取正覺。**

譯文　當我成佛的時候，他方世界所有一切菩薩，只要聽到我的名號，生起歡喜心，雖然念佛，但沒有發願求生我的國土，在他壽終之後，也會生到尊貴之家去，做一個富貴的人。若不是這樣的話，我誓不成佛！

賞析與點評

聽聞阿彌陀佛名號而起信心，有的得三昧智慧、明心見性；有的得殊勝果報；也有的如同法藏比丘一樣生於尊貴之家，做國王、大臣、轉輪王，乃至梵王、帝釋，這都是善業而招來的善果。這就是法藏比丘所發的第四十三願——「聞名生處尊貴願」。

**設我得佛，他方國土，諸菩薩眾，聞我名字，歡喜踴躍，修菩薩行，具足德本。若不爾者，不取正覺。**

譯文

當我成佛的時候，他方世界一切菩薩，聽聞我名，歡喜雀躍，修菩薩行，圓滿具足菩提之本。倘若不能這樣的話，我誓不成佛！

## 賞析與點評

「具足德本願」是法藏比丘所發的第四十四願，指眾生一聽彌陀聖號，心生歡喜，便種下善根。

**設我得佛，他方國土，諸菩薩眾，聞我名字，皆悉逮得普等三昧。住是三昧，至於成佛，常見無量不可思議一切諸佛。若不爾者，不取正覺。**

譯文

當我成佛的時候，他方世界一切菩薩，聽聞我名，悉皆目睹十方世界無量諸佛的普等三昧。身處這樣的禪定之中，直至成佛，都能夠經常看到無量無數一切諸佛。倘若不能這樣的話，我誓不成佛！

賞析與點評

聽聞阿彌陀佛名號，一心念佛，念念相續，了了分明，不起分別念，念到一心不亂的境界，便得念佛三昧，普見一切諸佛，能見諸佛淨土。這就是法藏比丘所發的第四十五願——「住定見佛願」。

**設我得佛，國中菩薩，隨其志願，所欲聞法，自然得聞。若不爾者，不取正覺。**

譯文

當我成佛的時候，我佛國之中的菩薩，能夠隨其心願，聽聞佛法。倘若不能這樣的話，我誓不成佛！

賞析與點評

《大方廣佛華嚴經》云：「若得一句未曾聞法，勝得三千大千世界滿中珍寶；得聞一偈，勝得轉輪聖王、釋提桓因、梵天王處無量劫住。」（T9.551c14-16）在極樂世界，不但阿彌陀佛親自為眾生說難解之法，就連那裏的風聲、樹聲、水聲、鳥聲，皆宣妙法。生於極樂世界的菩薩大眾，隨其心願所喜，隨時隨地都可聞得他們想聽聞的佛法。這就是法藏比丘所發的第四十六願——「隨意聞法願」。

**設我得佛，他方國土，諸菩薩眾，聞我名字，不即得至不退轉者，不取正覺。**

**譯文**　當我成佛的時候，他方世界一切菩薩，聽聞我名，如果現生沒有立刻獲得不退轉的話，我誓不成佛！

## 賞析與點評

明代民間諺語集《增廣賢文》云：「出家一年，佛在心田。出家二年，佛在眼前。出家三年，佛在耳邊。出家四年，佛在天邊。」初學道者虔誠之至，可時間一長，往往就懈怠下來，能始終如一者鳳毛麟角。法藏比丘所發的第四十七願——「得不退轉願」，是針對久學道者而言，西方淨土的眾生，在諸佛菩薩的教導下，都能做到位不退、行不退、念不退和處不退，這才是真正的修行。

**設我得佛，他方國土，諸菩薩眾，聞我名字，不即得至第一、第二、第三法忍；於諸佛法，不能即得不退轉者，不取正覺。**

**譯文**

當我成佛的時候，他方世界一切菩薩，聽聞我名，即能證得音聲忍、柔順忍直至無生法忍，於佛法真理不再退失。倘若不能這樣的話，我誓不成佛！

**賞析與點評**

與法藏比丘所發的第四十七願——「得不退轉願」一樣，第四十八願——「得三法忍願」也是針對久已修行的菩薩而言，所不同的是，本願指出了久修梵行的人如何才能保持不退轉心，依照對佛法悟證的深淺，可分為三個層面，名為三法忍：（1）三地以前的菩薩，由聽到音聲而悟解真理，名音聲忍；（2）四、五、六地的菩薩，已能捨去義解詮釋而直悟實相，信順領受，名柔順忍；（3）七地以上的菩薩，已證實相離相，安住於無生的法理，而不動心，名無生法忍。一個人一旦證得無生法忍，得無我的慧心，便見聖道而永不退轉。

# 三、法藏依願修行

本節導讀——

法藏比丘發下四十八大願後，若不能依願修行，西方極樂世界也只能是烏托邦。法藏比丘從自利、利他兩方面依願修行，致力於莊嚴妙土的建設。最終有願必成，成就了西方極樂淨土，自己也成了光明無量的阿彌陀佛。

（佛語阿難：）阿難！法藏比丘於其佛所，諸天、魔、梵[1]龍神八部大眾之中，發斯弘誓，建此願已，一向專志，莊嚴妙土。所修佛國，開廓廣大，超勝獨妙。建立常然，無衰無變。於不可思議兆載永劫，積植菩薩無量德行。

**注釋**

1 諸天、魔、梵：「諸天」指三界二十八天，「魔」指欲界第六天之魔王天，「梵」指色界之大梵天。

**譯文**

阿難！法藏比丘在世自在王佛面前，向諸天、魔（欲界主）、梵（色界主）、龍神等八部大眾宣說自己弘大深廣的四十八大願後，義無反顧地依願修行，以此修行功德來莊嚴佛國淨土。法藏比丘所修成的佛國世界，大地寬闊廣大精妙，殊勝超越一切佛國。佛國建立後，永恒常在，不會衰敗變化。這都是法藏比丘於不可思議的無量劫中，修菩薩無量德行累積的結果啊！

**賞析與點評**

本段明確指出，西方極樂世界唯心所造，「建此願已，一向專志，莊嚴淨土」。那麼，心是如何造出極樂淨土的呢？下文指出，從身、口、意三業清淨修起，心淨則國土淨。正如《維摩經》云：「菩薩欲得淨土，當淨其心；隨其心淨，則佛土淨。」（T14.538c4-5）

**〔意業清淨〕不生欲覺、嗔覺、害覺；不起欲想、嗔想、害想；不著色、聲、**

香、味、觸、法。忍力成就，不計眾苦。少欲知足，無染恚癡[1]。三昧常寂，智慧無礙。

〔三業清淨〕無有虛偽、諂曲之心。和顏愛語，先意承問。勇猛精進，志願無倦。專求清白之法[2]，以惠利群生。

〔身業清淨〕恭敬三寶，奉事師長，以大莊嚴具足眾行，令諸眾生功德成就。住空、無相、無願之法，無作、無起，觀法如化。

〔口業清淨〕遠離粗言，自害害彼，彼此俱害。修習善語，自利利人，人我兼利。

注釋

1 無染恚癡：染，貪染；恚，嗔恚；癡，愚癡。無染恚癡，就是沒有貪、嗔、癡。

2 清白之法：指善法。白，善；黑，惡。

譯文

經過累劫的修行，法藏比丘的內心已不會生起財色的欲覺、惱他的嗔覺和加害他人的害覺；也沒有欲想、嗔想、害想，更不會貪戀執著色聲香味觸法六塵。法藏比丘已成就了六波羅蜜中之忍辱波羅蜜。他在逆境中不計較眾苦，難忍能忍；在順境中少欲知足，因而不會被貪、嗔、癡等煩惱所污染，恒常安住於三昧寂靜中，由定而發慧，於一切法無有障礙。

法藏比丘已遠離虛偽諂佞邪曲之心，對一切人和顏悅色，言語親切。他預先了知眾生的心意，主動問訊，予以及時的幫助。為了實現成佛大願，勇猛精進，無厭無倦。他專求大乘清白之法，用以佈施利益一切眾生，讓眾生受惠。

法藏比丘恭敬佛法僧三寶，尊重、侍奉師長，以萬行圓滿來莊嚴其佛國，將福慧功德回施於一切眾生，令其功德成就。他安住於空、無相、無願三解脫門之法中，觀一切法，本來寂滅，無作無起，看世間萬物如夢如幻，一切皆空，不生不滅。

法藏比丘遠離虛妄不實的妄語、挑撥離間的兩舌、傷害人的惡口、低級趣味的綺語等粗言，因這些話害己害人，對大家都沒有好處；修學誠實善語，自利利人，他人和自己都得到善利。

## 賞析與點評

佛教業力緣起的理論告訴人們：人的心田是一塊神奇的土地，播種了一種思想，便會產生相應的行為；重複進行的行為，會養成習慣；習慣形成慣性之後，便造就出一個人的性格；性格又在很大程度上決定人的命運。換而言之，作意的行為感召果報。這就是佛家所說的「業力」。改變業力，可改變人們的命運。法藏比丘因而把修意業放在首位。清淨身、口、意三業，修善積福，重在自利。

〔財施利他〕棄國捐王，絕去財色。自行六波羅蜜，教人令行。無央數劫，積功累德。隨其生處，在意所欲，無量寶藏，自然發應。〔法施化眾〕教化安立無數眾生，住於無上正真之道。或為長者、居士、豪姓、尊貴，或為剎利國君、轉輪聖帝，或為六欲天主，乃至梵王。常以四事，供養恭敬一切諸佛。如是功德不可稱說。

譯文

法藏比丘轉世為國王時，捐棄國王之位，示現離俗出家相，拒絕財富與女色的誘惑。法藏比丘行持佈施、持戒、忍辱、精進、禪定、智慧六波羅蜜，又能教導別人履行精進六度波羅蜜，經過無數劫的時間，廣行眾善，積累了無量無數的功德。不論法藏比丘生在何處，都能隨心所欲地得到無量無數的寶藏。

無量劫以來，法藏比丘教化眾生無量無數，使他們安住於無上至真的佛道。他有時為德高望重的長者居士、豪門貴族；有時為剎利國君或者一統天下的轉輪聖王；有時為四天王以及忉利天、夜摩天、兜率天、化樂天和他化自在天等欲界六天的天主；有時為色界初禪天的天主大梵天王。不管甚麼時候、不論甚麼身份，都常常用飲食、衣服、臥具和藥品等物品，恭敬地供養諸佛，所積累的功德無量無邊，無法用語言來形容。

## 賞析與點評

除滅一切諸心毒，思惟修習最上智。
不為自己求安樂，但願眾生得離苦。
——《華嚴經》

要想成就無上佛道，僅僅自利還不夠，還須做利他的事業。佈施是利他最直接的形式。佈施有兩種：財佈施和法佈施。為了更有效地行法施，法藏比丘依據眾生的需要而現出家、長者居士、豪門尊貴、轉輪聖王甚至諸天相，以六度行菩薩道，隨緣度化眾生，積累無量功德，莊嚴西方極樂淨土。

〔相好殊妙〕口氣香潔，如優缽羅華。身諸毛孔，出栴檀香，其香普熏無量世界。容色端正，相好殊妙。其手常出無盡之寶，衣服、飲食、珍妙華香、繒蓋幢幡莊嚴之具。如是等事，超諸天人。於一切法，而得自在。

阿難白佛：法藏菩薩，為已成佛，而取滅度？為未成佛，為今現在？

佛告阿難：法藏菩薩，今已成佛，現在西方，去此十萬億剎。其佛世界，名曰安樂。

阿難又問：其佛成道以來，為經幾時？

佛言：成佛以來，凡歷十劫。

譯文

他口氣清香潔淨，就像青蓮花一樣；身上的毛孔，散發出旃檀香的香味，充滿無量世界；容貌端正美妙，手中常常生出無窮無盡的珍寶——綾羅綢緞、美味佳餚、鮮豔香花、寶蓋幢幡等各種莊嚴之物，應有盡有。這些物品，精美絕倫，天上人間絕無僅有，皆能夠隨心所欲地得到。

阿難問佛陀：法藏菩薩是已經滅度的過去佛，還是尚未成佛的未來佛，或者是還未滅度的現在佛呢？

佛陀告訴阿難：法藏菩薩已經成佛，現在西方，與此相隔十萬億個佛國，他的世界名叫「安樂」。

阿難又問：那他成佛已經多久了？

佛陀告訴說：法藏成佛以來，至今已經歷十劫。

賞析與點評

慎語而制意，不以身作惡。

淨此三業道，得聖所示道。

——南傳《法句經》

法藏比丘通過修身、口、意三業清淨之行，修得正報莊嚴：口氣香潔，容色端正，相好殊妙，壽命無量，令人羨慕不已。佛陀以此激勵世人，若能以法藏比丘為典範，發願往生極樂國中，也能修得相好光明的真身。

# 四、眾生往生之因

本節導讀——

佛家常言：「菩薩畏因，眾生畏果。」有智慧的人害怕造惡因，由此而帶來無法承受的後果；而愚癡的人不怕造惡因，做起壞事來不顧後果。惡因一旦種下，「假使百千劫，所作業不亡，因緣會遇時，果報還自受」。愚人面對自己無法承受的惡果時，才會後悔莫及。佛陀在本節中告誡世人，隨眾生學法的種類、發心的大小、願力的強弱、修持的程度、積德行善的淺深而有上、中、下三輩不同方式往生極樂世界，點醒世人明白生前應種何因。

**佛告阿難：其有眾生，生彼國者，皆悉住於正定之聚。所以者何？彼佛國中，無諸邪聚及不定聚。十方恒沙，諸佛如來，皆共讚歎**

無量壽佛威神功德，不可思議！

諸有眾生，聞其名號，信心歡喜，乃至一念。至心迴向，願生彼國，即得往生，住不退轉。唯除五逆，誹謗正法。

佛告阿難：十方世界諸天人民，其有至心願生彼國，凡有三輩。

譯文

佛陀告訴阿難：眾生一旦往生極樂世界，悉皆證得必定成佛的正定之聚。為甚麼呢？因為極樂世界根本就沒有不得成佛的邪聚眾生，也沒有不發菩提心的這一類眾生。因此，十方像恒河之沙一樣眾多的諸佛如來，悉皆共同讚歎無量壽佛威神功德不可思議。

所有的眾生，除了犯有弒父、弒母、弒阿羅漢、出佛身血、分裂和合僧團五逆罪以及誹謗正法的人之外，只要他們聽到無量壽佛的名號，真心相信無量壽佛，真心喜歡極樂世界，乃至僅僅生起一剎這樣的念頭，並且真誠地將功德迴向眾生，發願憑此功德求生極樂世界，即得往生極樂世界，成為不退轉的菩薩。

佛陀接着告訴阿難：十方世界的諸天人以及所有的民眾，如果能夠以至誠懇切的心，發願求生極樂世界，（依他們各自的根性、善根、福德和因緣，）臨終時分成上輩、中輩、下輩三個等級，也可往生彼國。

賞析與點評

西方佛國地，東土人間路。
四生登九品，六道出三塗。
——古德

《說一切有部俱舍論》云：「正邪不定聚，聖造無間餘。」（T29.56c10）眾生可分為三聚：（1）正定聚，必定證悟者；（2）邪定聚，造五無間地獄業者；（3）不定聚，在正定聚與邪定聚二者之間的凡夫眾生，易受環境的影響，心隨境轉，遇善則善，遇惡則惡，心多散亂，不能自主。不定聚的眾生只要聽聞阿彌陀佛的名號，心生歡喜，一心念佛，求生西方極樂淨土，隨其生前的所作所為而有上、中、下三品往生之別。

**〔上輩往生〕其上輩者，捨家棄欲[1]而作沙門[2]，發菩提心，一向專念[3]無量壽佛，修諸功德，願生彼國。此等眾生，臨壽終時，無量壽佛與諸大眾，現其人前；即隨彼佛，往生其國，便於七寶華中自然化生[4]，住不退轉，智慧勇猛，神通自在。是故阿難！其有眾生，欲於今世見無量壽佛，應發無上菩提之心，修行**

功德，願生彼國。

注釋　1 捨家棄欲：斷除五欲的出家人。2 沙門：勤修戒定慧、息滅貪嗔癡的出家修行人。3 專念：至誠懇切，專念阿彌陀佛，無有他念。4 自然化生：由蓮花中自然變化而生。

譯文　第一類叫作上輩。這些人，捨棄家庭，斷絕諸欲，出家修道，發菩提心，一心一意，專念無量壽佛，修行種種功德，發願求生極樂世界。他們臨終的時候，無量壽佛會與眾菩薩出現在其面前，其見到無量壽佛，即會跟隨無量壽佛往生極樂世界，在極樂世界七寶蓮花中自然化生，成為不退轉菩薩，具大智慧，有大神通。所以阿難！如果有人想要今生得見無量壽佛的話，應當發起至高無上的菩提之心，修行種種功德，發願求生極樂世界。

賞析與點評

覺樹枯榮幾度更，靈山寂寞待重興；
今時不用傷遲暮，佛法宏揚本在僧。
——太虛

太虛在詩中表達了僧人在弘揚佛法中的重要性，而棄欲出家也是上輩往生的首要條件，原因很簡單，在眾多的不健康的思維中，貪嗔癡對人的影響最大，故稱為三毒，其中以貪欲居首。貪欲中的「愛欲」與生俱來，對人的影響最深。一個人若能從心靈深處把名、利、財、色等欲看透、放下（棄欲），才能成為一名名副其實的修道人，它是上輩往生極樂世界的前提條件。

**〔中輩往生〕佛告阿難：其中輩者，十方世界諸天人民，其有至心，願生彼國。雖不能行作沙門，大修功德，當發無上菩提之心；一向專念無量壽佛；多少修善，奉持齋戒，起立塔像，飯食沙門，懸繒燃燈，散華燒香[1]。以此迴向，願生彼國。其人臨終，無量壽佛化現其身，光明相好，具如真佛[2]，與諸大眾，現其人前；即隨化佛，往生其國，住不退轉。功德智慧，次如上輩者也。**

注釋　1 散華燒香：以香花和燒香來莊嚴道場。2 具如真佛：指佛化身的相好光明跟佛的真身一樣。

譯文　佛陀告訴阿難：第二類叫中輩。十方世界的天人，如果有人至心發願，求生極樂世界，雖然不能出家修道，大修種種功德，也應當發菩提心，一心一意，專念無量壽佛，盡自己的力量，或多或少，努力修行諸善：如受持八關齋戒，建造佛塔佛像，用飯食等供養出家僧人，佛前懸掛幡幢，燃燈燒香供養諸佛，鮮花供佛等等，並將這些功德迴向眾生，憑此功德求生極樂世界。如能這樣，臨終的時候，無量壽佛的化身就會像真的一樣，與眾菩薩等一道出現在他面前，他也能跟隨化佛，往生極樂世界，成為不退轉菩薩，功德和智慧僅次於上輩往生的人。

## 賞析與點評

若欲修行，在家亦得。

——《六祖壇經》

中輩往生極樂世界的主要對象以在家信徒為主，必須具備如下四個條件：發無上菩提心；專念無量壽佛；修諸功德；願生極樂國。其中，發菩提心、護持佛教、積累功德，是中輩往生的關鍵。在家信徒發起大悲願心，廣結善緣，積德行善，護持佛教，這是佛法得以廣泛傳播的保證，取得中輩往生的資格，實至名歸。

佛告阿難：其下輩者，十方世界諸天人民，其有至心，欲生彼國，假使不能作諸功德，當發無上菩提之心，一向專意，乃至十念，念無量壽佛，願生其國。若聞深法，歡喜信樂，不生疑惑，乃至一念，念於彼佛，以至誠心，願生其國。此人臨終，夢見彼佛[1]，亦得往生。功德智慧，次如中輩者也。

注釋

1 夢見彼佛：在夢中見到所念的無量壽佛。也有一說，是臨終時佛來接引，感覺就像夢中見到佛一樣。

譯文

佛陀告訴阿難：第三類叫作下輩。十方世界的天人，如果有人至心發願，求生極樂世界，但是由於種種因緣，不能像上面兩類人那樣，修行種種功德，則必須發菩提心，一心一意，念無量壽佛，哪怕只是十念，發願求生極樂世界。另外，如果有人聽到這個深奧的佛法，能夠歡喜相信，不生一絲疑惑，則哪怕只有一念，念無量壽佛，並且至心誠懇，發願求生極樂世界。這些人臨終的時候，即會夢見無量壽佛，最後也能往生極樂。功德和智慧，又次於中輩往生的人。

賞析與點評

人身難得今已得，佛法難聞今已聞；

此身不向今生度，更向何生度此身？

——古德

據《佛說泥犁經》記載，有一隻盲龜在大海中漂流，想找一根百年一現的浮木本已不易；更難的是，浮木上只有一個孔，盲龜要準確無誤地將頭從這個孔中伸出，才能呼吸新鮮的空氣，更是難上加難。（T1.909a5-13）佛陀接着說，得人生比盲龜將頭伸出木孔還要難，以此說明「人生難得」之理。佛陀在《菩薩從兜率天降神母胎說廣普經》中說：「計我所經歷，記一不說餘；純作白狗形，積骨億須彌；以針刺地種，無不值我體；何況餘色狗，其數不可量。」（T12.1030c1-4）其意為，佛陀在六道輪迴中投胎白狗，其骨都能堆積如山，由此可見得人生是何等的難。人生如此難得，生命又如此短暫，臨命終時，一樣都帶不走。生前不修善、不積德的人，臨命終時，若得善知識開導，猛然醒悟，一心念佛，也能「下輩往生」極樂淨土。

〔諸佛讚勸〕佛告阿難：無量壽佛，威神無極。十方世界，無量無邊不可思議諸佛如來，莫不稱歎。於彼東方，恒沙佛國，無量無數，諸菩薩眾，皆悉往詣無量壽佛所，恭敬供養，及諸菩薩、聲聞之眾，聽受經法，宣布道化。南西北方，

**四維上下，亦復如是。**

譯文

佛陀告訴阿難：無量壽佛的威神力是無極的，十方世界無量無邊不可思議諸佛如來，無不稱揚讚頌。東方像恒河沙一樣多的佛國，有無量無數的菩薩，悉皆來到無量壽佛極樂世界，恭敬供養無量壽佛以及那裏的菩薩和聲聞，聆聽無量壽佛講經說法。南方、西方、北方以及四維上下等地，也是這樣。

# 五、眾生往生之果

本節導讀——

眾生一旦往生淨土，無時無刻不在聽聞諸佛菩薩的教誨，根本不可能有後悔、反覆、退轉的機會，自然不會墮入三惡道。他們以相好光明之身，自由自在地雲遊於諸佛國，聽諸佛菩薩演說妙法，依佛教導修行，得三法忍。他們在修慧的同時，供養諸佛，勤修六度，利益大眾，以此增長自己的福德。通過自利利他的修行，極樂國土的聖眾福慧不斷增長，而以觀音、勢至兩大菩薩的成就最高，已獲得一生補處的果位。佛陀明確指出，往生極樂國土的所有聖眾，最終都能修成觀音、勢至那樣的成就，直至成佛作主。

**佛告阿難：彼國菩薩，皆當究竟一生補處。除其本願為眾生故，以弘誓功**

德，而自莊嚴，普欲度脫一切眾生。

譯文　佛陀告訴阿難：阿難！凡是往生到極樂世界的菩薩，最終都將成為盡此一生就能成佛的一生補處菩薩，除非他原先發過大願，想回到十方世界普度所有苦難眾生。

賞析與點評

依正常管道修行，需要經過三大阿僧祇劫的時間，才能證到「一生補處」的果位。而一個人一旦成功往生極樂國土，安心修行，一定能證得「一生補處」的果位。佛陀以這樣的大利益勸告世人發願往生極樂國土。

阿難！彼佛國中，諸聲聞眾，身光一尋[1]，菩薩光明，照百由旬。有二菩薩，最尊第一，威神光明，普照三千大千世界。

阿難白佛：彼二菩薩，其號云何？

佛言：一名觀世音，二名大勢至。此二菩薩，於此國土，修菩薩行，命終轉化，生彼佛國。

**注釋** 1 一尋：古代長度單位，伸長兩臂為一尋，約六至八尺。

**譯文** 阿難！極樂世界聲聞大眾，他們身上發出的光明，約有一尋，而菩薩則有上百由旬。其中有兩位菩薩最為尊貴，他們的光明能夠遍照三千大千世界。

阿難問佛陀：這兩位菩薩，叫甚麼名字？

佛陀說：一位叫觀世音，另外一位叫大勢至。這兩位菩薩，曾經於此娑婆世界修菩薩行，命終之後，往生極樂世界。

**賞析與點評**

觀音與勢至兩大菩薩為阿彌陀佛的二脅侍，與娑婆世界的眾生極為有緣，悟道後不願立即成佛，而是倒駕慈航，回到娑婆世界度化眾生。大勢至菩薩在《楞嚴經．大勢至菩薩念佛圓通章》裏說：「我本因地，以念佛心，入無生忍。今於此界，攝念佛人，歸於淨土。」（T19.128b4-5）他還教我們怎樣念佛，他說：「由念佛三昧，都攝六根，淨念相繼，入無生忍。」（T39.910a22-23）

阿難！其有眾生，生彼國者，皆悉具足三十二相。智慧成滿，深入諸法，究暢要妙，神通無礙，諸根明利[1]。其鈍根者，成就二忍；其利根者，得阿僧祇無生法忍。

又彼菩薩，乃至成佛，不受惡趣，神通自在，常識宿命。除生他方五濁惡世，示現同彼，如我國也。

注釋

1 諸根明利：諸根，指眼、耳、鼻、舌、身、意之六根；明利，明察而銳利。

譯文

阿難！眾生一旦往生極樂世界，全都具足三十二種大丈夫相，容貌與佛一樣，而且個個圓滿成就高超殊勝的智慧，能深入了解佛所說之一切法，究竟暢通佛所說之法的精華妙義。他們能以清淨明利的六根，應現種種無礙的神通。其中根性較為愚鈍者，也能證得音聲忍和柔順忍兩種成就；而根性較為聰利者，則可證得深不可測的無生法忍。

另外，極樂世界的菩薩，一直到他們成佛，永遠不會再受三惡趣之痛苦。他們已具足一切神通，又知道眾生過去、現在、未來之一切事，所以時常分身到十方世界去廣度眾生。不過，另有一類菩薩，他們發願不住極樂，而是生到其他充滿罪惡的五濁惡世去度化眾生，與眾生打成一片，他們示現與眾生相同的模樣，就像我們這個世界的菩薩一樣。

## 賞析與點評

世人起心動念，不離貪、嗔、癡。依據佛教的理論，貪是餓鬼的因，嗔是地獄的因，癡是畜生的因。從這種意義上講，很多人生前種下不少畜生、餓鬼、地獄之因。有因必有果，有朝一日定會受報受苦。而極樂國的聖眾永離三惡趣，但化世的菩薩，在五濁惡世度眾生時也會示現同當地人一樣的生存方式，也有生老病死等現象，其目的只是為了方便度化眾生，而不是墮落輪迴受苦。

〔遍供諸佛〕佛語阿難：彼國菩薩，承佛威神，一食之頃，往詣十方無量世界，恭敬供養諸佛世尊。隨心所念，華、香、伎樂、衣蓋、幢幡，無數無量，供養之具，自然化生，應念即至。珍妙殊特，非世所有。輒以奉散諸佛，及諸菩薩、聲聞之眾。在虛空中，化成華蓋[1]。光色昱爍，香氣普熏。其華周圓，四百里者，如是轉倍，乃覆三千大千世界。隨其前後，以次化沒。

**其諸菩薩，僉然欣悅。於虛空中，共奏天樂。以微妙音，歌歎佛德。聽受經法，歡喜無量。供養佛已，未食之前，忽然輕舉[2]，還其本國。**

注釋

1 華蓋：眾花形成傘狀。2 輕舉：佛菩薩神通自在，身體輕輕舉起，即可到達想要去的地方。

譯文

佛陀告訴阿難：極樂世界的菩薩，承蒙無量壽佛的威神力加持，能在一頓飯的時間裏到達十方無量世界，恭敬供養無數諸佛。所需供養物品，如香花、伎樂、衣蓋、幢幡等，無量無數，一想就有，於手中自然變化而生，而且非常珍妙奇特，絕非世間所有。他們就是以這種上好的物品來供養十方諸佛及十方菩薩和聲聞大眾。更令人驚奇的是，他們在十方諸佛面前所散的花，隨即在虛空中合成一個華蓋，有百千種的光色閃爍照耀，還散發出種種香氣，普熏十方諸佛世界。所形成的華蓋，小的圓周有四百里，它不斷地擴大，到最後遍覆三千大千世界。這些華蓋隨着各人供養的先後，依照次序自動消失。這些修供養的菩薩皆懷喜悅，在虛空中奏起天樂，以最美妙的聲音來歌頌讚歎佛的無邊功德。之後即在佛前聽受經法，人人一聞即悟，歡喜無量。就這樣，供養完了以後，又飄然騰空而去，回到極樂世界。

## 賞析與點評

小狗和小貓受到主人無微不至的關懷。小狗心想：「主人寵護我、餵養我、供我住、疼愛我，主人一定是神。否則怎可能如此無條件地照顧我呢？」小貓心想：「主人寵護我、餵養我、供我住、疼愛我。只有一個可能性：我一定是神。否則為甚麼要對我這麼好呢？」

在現實生活中，不少人如同這隻不知慚愧的小貓，把主人的關愛視為理所當然，一點感恩之心也沒有。淨土聖眾喜歡供養十方諸佛，以此表達他們對諸佛菩薩教導之恩的感激，這對當今世人仍有教育意義。

佛語阿難：無量壽佛，為諸聲聞、菩薩、天人須宣法時，都悉集會七寶講堂，廣宣道教[1]，演暢妙法，莫不歡喜，心解得道。即時四方，自然風起，吹七寶樹，出五音聲[2]。無量妙華，隨風四散。自然供養，如是不絕。一切諸天，皆齎天上，百千華香，萬種伎樂，供養其佛，及諸菩薩、聲聞之眾。普散華香，奏諸音樂。前後來往，更相開避。當斯之時，熙怡快樂，不可勝言！

注釋

1 道教：成佛之道的教法。2 出五音聲：發出宮、商、角、徵、羽之五種音聲。

譯文

佛陀告訴阿難：無量壽佛欲宣揚佛法時，必先集合人天大眾及聲聞菩薩等於七寶所成的講堂裏，然後才廣泛地、詳細地演説宣揚成佛之道的一乘妙法。大家親聆彌陀之法音，莫不滿心歡喜，人人心開意解，大徹大悟。就在彌陀説法的時候，陣陣微風從四面八方吹來，吹在講堂外面的七寶行樹間，發出非常悦耳之五音。與此同時，無量的妙花也隨微風四處飄散，這些自然的供養，相續不斷。而且一切諸天人也都手持百千香花、萬種伎樂來供養無量壽佛及一切大眾。他們在講堂內外，普散香花，奏諸音樂，極有秩序地前後往來，互相禮讓，絕無爭先恐後的現象。他們這時心中的快樂，不是言語所能形容的。

佛語阿難：生彼佛國，諸菩薩等，所可講說，常宣正法。隨順智慧[1]，無違無失[2]。於其國土，所有萬物，無我所心，無染著心。去來進止，情無所繫。隨意自在，無所適莫。無彼無我，無競無訟。於諸眾生，得大慈悲，饒益之心；柔潤調伏，無忿恨心。離蓋清淨，無厭怠心。等心、勝心、深心、定心，愛法、樂法、喜法之心；滅諸煩惱，離惡趣心。究竟一切，菩薩所行，具足成就，無量功

**德。得深禪定，諸通明慧。遊志七覺，修心佛法。**

注釋 1 隨順智慧：以智慧為導航。2 無違無失：不違背真理，也無過失。

譯文 佛陀告訴阿難：生於極樂世界的菩薩，常常在適合說法的時候，宣揚正法。他們所說的法，上契諸佛所說之妙理，下契一切眾生的根機。他們自行化他，皆隨順智慧而行，故一點也沒有違背真理和誤導眾生的過失。

他們對於極樂世界一切萬物，沒有視為己有的想法，沒有貪欲和執著；來來去去，行住坐臥，身心沒有牽掛和障礙，自由自在，無喜無惡，沒有自己和他人的分別，沒有爭吵、爭辯。菩薩以大慈悲心對待眾生，處處利益眾生；用柔和的方法調教眾生，沒有憤恨之心。（他們）遠離煩惱，身心清淨，教化眾生，沒有厭倦和懈怠。極樂世界的菩薩，只有平等心、殊勝心、深廣心、禪定心、熱愛佛法的心、樂求佛法的心、歡喜佛法的心、滅除各種煩惱的心和捨離三惡趣的心。這些菩薩已圓滿修完一切菩薩所修的道行，已具足成就了無量無邊的功德，證得甚深禪定、六種神通和三明智慧，遊心志求七覺支，並修心契悟佛法。

## 賞析與點評

本段顯示，淨土國中的聖眾與修其他法門的菩薩一樣，都是以六度（佈施、持戒、忍辱、精進、禪定和般若）為其修行的核心內容，尤其重視般若波羅蜜的修習。《萬善同歸集》云：「五度如盲，般若如導。」（T48.985a27）前五度如同盲人，若無般若智慧作引導，便會迷失方向，怎能到達解脫的彼岸?!所以本經云：「得深禪定，諸通明慧。遊志七覺，修心佛法。」

**〔定慧通明〕肉眼清澈[1]，靡不分了[2]。天眼通達[3]，無量無限。法眼觀察，究竟諸道。慧眼見真[4]，能渡彼岸。佛眼具足，覺了法性。**

**〔智辯無量〕以無礙智，為人演說。等觀三界，空無所有。志求佛法，具諸辯才，除滅眾生煩惱之患。從如來生，解法如如。善知集滅，音聲方便，不欣世語，樂在正論。修諸善本，志崇佛道。**

注釋

1 肉眼清澈：極樂眾生的肉眼很清楚地看見萬物本相。2 靡不分了：無不分明了了。

3 **天眼通達**：極樂眾生的天眼，能通達眾生死生輪迴業因果報。4 **慧眼見真**：指極樂眾生的慧眼能徹見宇宙萬有的事實真相。

## 譯文

普通人的肉眼只能看見一切色相；菩薩的天眼能徹見十方世界眾生死生輪迴的業因果報；法眼能遍觀六道眾生的根性與欲樂及三乘道法的差別相；慧眼能看破假相識得真空，得我空法空之二空，從而得從生死此岸到達涅槃之彼岸；佛眼能見諸法空有不二之法性，有了佛眼就同時具足其他之眼的功能，無所不見，無事不知。他們都具足四無礙智，能辯才無礙契機契理地為人演說無上之妙義。他們從平等的觀察中，明知三界的一切事物，皆緣起性空，如幻如化，空無實體。所以立志追求佛法，獲得無礙的辯才以便在無盡的虛空中教化眾生，斷滅令一切眾生生起煩惱的根源。這些大菩薩所說之法乃是從如來的教化而來，他們能徹底明了一切萬法事（現象）理（本體）圓融的真相，契合真如本性。他們又善知苦、集、滅、道四諦之理，故能以聲音來教化眾生。他們不喜歡世間無意義之言談，愛好契合宇宙人生真相的言論；他們一心修習諸善根功德，立志成就無上佛道。

## 賞析與點評

淨土宗第十二代祖師徹悟大師（一七四一——一八一〇）云：「當念佛時，不可有別想，無有別想即是止；當念佛時，須了了分明，能了了分明即是觀。一念中止觀具足，非別有止觀。」《佛說阿彌陀經》提倡念佛要念到「一心不亂」，就是強調止觀雙修。念佛貴在專注，專注即是禪定。「專注」消除了淨土與禪宗之間的隔閡。這就是為甚麼本經在宣揚淨土念佛法門的同時，多次提到「禪定」的原因，「菩薩所行，具足成就，無量功德。得深禪定，諸通明慧」。

**〔諸法平等〕知一切法，皆悉寂滅。生身煩惱[1]，二餘俱盡[2]。聞甚深法，心不疑懼，常能修行。其大悲者，深遠微妙，靡不覆載。究竟一乘，至於彼岸。決斷疑網，慧由心出[3]。於佛教法，該羅無外[4]。智慧如大海，三昧如山王。慧光明淨，超逾日月；清白之法，具足圓滿。**

注釋

1 生身煩惱：生身，生死之身，即苦報身；煩惱，種種錯誤的思想見解而引發的一切煩惱。2 二餘俱盡：二餘生身的苦報與煩惱的餘習。生身是苦果，煩惱是業因。這兩種都斷盡了，叫作「二餘俱盡」。3 慧由心出：智慧是由自性清淨心中生出。4 該羅無外：包羅一切，無有例外。

## 譯文

極樂世界的菩薩們，了知世出世間一切諸法皆是虛妄。畢竟無所有，了不可得，平等空寂。由於生死之身所帶來的苦報與煩惱兩種餘習都已斷盡，所以當他們聽聞「寂滅為樂」的道理時，心中一點也不懷疑和驚懼。這些有大悲大願的菩薩，就時常住在本來寂滅之體，從體起用，化身千萬億，到十方世界平等饒益一切眾生，他們的影響深遠且微妙，就如同天之普覆一切，亦如地之普載一切。他們所修的是究竟圓滿的大乘佛法，所以人人都能到達大乘佛法所說的大涅槃的彼岸。由於已斷絕了一切疑惑之束縛，智慧自然就從自性清淨心中流露出來。他們對佛法無所不知。這些菩薩的智慧深廣莫測，就像大海一樣；三昧禪定紋絲不動，好像須彌山一般。智慧之光明亮清淨，超過日月；身心清淨，毫無瑕疵。

## 賞析與點評

佛陀講經時，弟子們都專心聽講，歡喜讚歎；而佛陀講說《法華經》時，卻有五千弟子不知佛所云，只能從講堂退出。（T9.7a08-9）佛陀不得不以種種方便，講說適合眾生根機的法，因而有三乘之說，「當知諸佛方便力故，於一佛乘分別說三」。（T9.13c17-18）然而，佛陀講法的最終目的只有一個，令眾生了「離苦得樂」的一佛乘，「如來但以一佛乘故為眾生說法，無有餘乘若二若三。舍利弗，一切十方諸佛法亦如是」。（T9.7b2-4）本文中的「究竟一乘」其實也是指「一佛乘」，令世人往生淨土的解脫法門。

**摧滅嫉心，不忌勝故。專樂求法，心無厭足。常欲廣說，志無疲倦。擊法鼓，建法幢，曜慧日[1]，除癡暗。修六和敬，常行法施。志勇精進，心不退弱。為世燈明，最勝福田。常為師導，等無憎愛。唯樂正道，無餘欣感[2]。拔諸欲刺，以安群生。功慧殊勝，莫不尊敬。滅三垢障，遊諸神通。**

注釋

1 曜慧日：比喻菩薩的智慧光明如日，能照破無明黑暗。2 無餘欣戚：因心無所住，故無欣喜或憂戚的感覺。

譯文

極樂世界諸大菩薩已摧滅了人類的劣根性之一的嫉妒心，絕對不會妒忌別人勝過自己。他們一心一意地追求正法，從不滿足。時常都為眾生演說妙法，從來不感到疲倦、勞苦。他們擂響佛法的大鼓，樹起正法的旗幟，智慧之光如日照耀，照破芸芸眾生愚昧和無知的黑暗。

這些大菩薩都互相尊敬、和睦地生活在一起；又互相法施，交換修行的心得，皆立志勇猛精進地自行化他，像這樣的心永遠也不會退卻或轉弱。

他們如同世間的明燈，能照破一切癡迷和黑暗，是眾生最殊勝的福田，是眾生的導師，他們平等愛一切眾生，無怨無悔。他們一心只愛學佛修道，沒有別的喜好。他們為眾生拔除愛欲的針刺，使眾生獲得安寧。功德和智慧殊勝無比，天上人間莫不尊敬。他們熄滅貪、嗔、癡，以種種神通遊戲世間，普度眾生以利他。

**因力、緣力、意力、願力、方便之力，常力、善力、定力、慧力、多聞之力，施、戒、忍辱、精進、禪定、智慧之力，正念正觀、諸通明力，如法調伏、諸眾生力，如是等力，一切具足。**

譯文

過去宿因的力量，外部條件的力量，思維的力量，菩提心願的力量，方便善巧的力量，恒常修行的力量，行善的力量，禪定的力量，智慧的力量，博聞佛法的力量，佈施、持戒、忍辱、精進、禪定、智慧六度的力量，正確思維佛法教義的力量，觀察佛法真理的力量，神通的力量，知過去宿命、得現在煩惱盡、具未來天眼的三明的力量，依照佛法教化調伏眾生的種種力量，全部具備。

### 賞析與點評

從因力至調伏眾生力，一共有十三種力量，加上六度之力，則為十九種力量，是極樂國中聖眾必須修的功課，方能更有效地從事自利利他的事業。當然，十九種力量歸納起來只有兩種：福德與智慧之力。福慧圓滿之時，便是成佛之時。極樂世界的菩薩們，個個都圓滿具足福德與智慧。

〔具足相好〕身色相好，功德辯才，具足莊嚴，無與等者。恭敬供養，無量諸佛，常為諸佛，所共稱歎。究竟菩薩，諸波羅蜜，修空、無相、無願三昧，不生、不滅諸三昧門。遠離聲聞、緣覺之地。

〔總結〕阿難！彼諸菩薩，成就如是無量功德。我但為汝，略言之耳，若廣說者，百千萬劫，不能窮盡！

## 譯文

除此之外，極樂菩薩無不具足三十二相、八十隨形好，以及無量的功德和種種辯才，這是沒有人可與之相提並論的。他們的福慧雖然已經具足，但是仍然繼續不停地恭敬供養無量諸佛，因此常為十方諸佛所讚歎。他們已經到達究竟圓滿之彼岸（即佛之果地），不但成就三乘共修之空、無相、無願的三昧，更成就了大乘不生不滅的一切正定，從此永遠地超越了聲聞緣覺之境界。

阿難啊！極樂世界的菩薩，成就如上所說之無量功德，我今天只是簡略地介紹而已，如果要詳細地說，縱使百千萬劫，也是說不完的。

## 賞析與點評

道教學者陳希夷在《心相篇》中說：「心者貌之根，審心而善惡自見；行者心之表，觀行而富貴可見。」人之行為表現，必先由大腦起念頭，然後才做出種種善與不善的行為。久而久之，其善與惡便顯露於言談舉止之間，無形中浮現於面容上。若多行善事，心境平和、寬容，自然面相和悅；反之，若經常行兇作惡，心存歪念，必定提心弔膽，面相便會慢慢變得不善。所以俗語說：「有心無相，相由心生；有相無心，相由心滅。」

〔勸進往生〕佛告彌勒菩薩、諸天人等：無量壽國，聲聞菩薩，功德智慧不可稱說。又其國土，微妙安樂，清淨若此，何不力為善，念道之自然，著於無上下，洞達無邊際？宜各勤精進，努力自求之。必得超絕去，往生安樂國。〔再次勸勉〕橫截五惡道，道趣自然閉。升道無窮極，易往而無人，其國不逆違，自然之所牽。何不棄世事？勤行求道德；可得極長生，壽樂無有極。

譯文

佛陀告訴彌勒菩薩、諸天人等說：住在無量壽佛極樂世界的聲聞和菩薩，每一個人的功德和智慧，都大到不可以用言語來稱說。而且他們所生活的環境，也是那麼殊勝、微妙、安樂和清淨。世人為何不努力修積往生的善因呢？發心念佛求生淨土則得往生，那是極其自然的。一往生即住於無比清淨平等之淨土，同時智慧亦洞悉通達一切，有如虛空無有邊際。人人皆應朝此方向努力精進，必然橫超三界，斷絕生死，往生安樂國。

人人都往生西方，不復在五惡道之中輪迴，則五惡道之門自然就被關閉了。世人不可再留戀娑婆，應當念佛發願求生西方，凡是至心發願求生的人，無不飛升到廣大無邊的極樂世界去。不過，西方雖說易往易生，若世人心中仍然留戀娑婆，不修善因，那是不可能往生的，因為欲往生的人，須不違逆「念佛為因，往生為果」的因果定律。有因必有果，加上發願求生，在願力的牽引下，得以往生，那是很自然的事啊！明白了這種事理因果，世人為何不拋棄凡塵俗事，積極地上求成佛之道，下積廣度眾生之德呢？因為憑此福德因緣，就能往生極樂，獲得永生之涅槃，以及永享無有極限的壽命和妙樂。

## 賞析與點評

佛陀在宣說本經主體部分後，擔心世人慧根淺而業障重，對念佛求生西方淨土之法聞而不信，信而不修，特地在此再一次列舉極樂世界之依正莊嚴，以勸勉世人務必念佛求生淨土，可謂苦口婆心，令人動容。佛陀在下文又列舉現實人生三毒過患，以勸勉世人務必厭捨娑婆，發往生極樂淨土之大願。

## 六、諸佛之戒惡勸善

本節導讀——

電腦一旦中病毒，輕則不能正常運行，重則資料遺失，無法啟動。同樣，人的大腦一旦中了貪、嗔、癡、慢、疑、不正見等病毒，就會變得思想偏激，行為怪異，做出種種惡事，不僅令旁人辛苦，也令自己掉進痛苦的深淵。依據佛家的分析，人腦的「病毒」有八萬四千種之多，而以貪、嗔、癡三種煩惱縛人最深，力量最強，因而稱之為三種根本煩惱，若不及時斷除，後患無窮。佛陀在本節中詳細分析了世人在貪、嗔、癡三毒的誘惑下的五種惡行：殺生、偷盜、邪淫、妄語與邪念，引導世人斷絕貪、嗔、癡等造惡之因，免除五惡的現報，永離三途惡道的後報，往生極樂國土。

〔貪欲之過〕然世人薄俗，共諍不急之事，於此劇惡極苦之中，勤身營務[1]，以自給濟[2]。

無尊無卑，無貧無富，少長男女，共憂錢財，有無同然，憂思適等。屏營愁苦[3]，累念積慮，為心走使，無有安時。

注釋

1 勤身營務：勤勞身心去經營造作。2 以自給濟：以滿足自己的欲望。3 屏營愁苦：獨居時為謀取更多的錢而陷於憂愁痛苦之中。屏，與人隔離或獨居。

譯文

可歎的是，世人本已福德淺薄，又留戀世俗，以致懞懵糊塗，不知追求依正莊嚴的妙樂，而是為了那些無關緊要的俗事，爭奪不休。在這個充滿罪惡的世間，身處痛苦之中而渾然不知，長年累月辛勤勞作，不過為了滿足自己一時的欲望罷了。社會各階層的人，無論尊卑貧富、男女老少，起心動念都是為了錢而憂愁煩惱。沒錢財的希望擁有，有錢財的希望擁有更多。所以他們為錢而操心勞碌，憂思煩惱。在這一點上，兩者都是一樣的。他們不但在人前如此，甚至獨處時也是為了錢財而憂愁不安，終日為錢財而奔波，成為錢財的奴隸，沒有一刻安寧。

〔有財苦〕有田憂田，有宅憂宅。牛馬六畜、奴婢、錢財、衣食什物，復共憂之。重思累息[1]，憂念愁怖。

注釋 1 重思累息：重複思維，累積不息。

譯文 一個人有田時憂田，有宅時憂宅，因為怕失去它。同樣的，有了牛馬等六畜，以及奴婢、錢財、衣食、雜物時，也是患得患失，憂心忡忡。

〔失財苦〕橫為非常[1]，水火、盜賊、冤家、債主，焚漂劫奪，消散磨滅。憂毒忪忪，無有解時。結憤心中，不離憂惱。心堅意固，適無縱捨[2]。或坐摧碎[3]，身亡命終，棄捐之去[4]，莫誰隨者。

注釋 1 非常：無常。2 適無縱捨：放不下、捨不得。3 或坐摧碎：因為勞心勞力過度而身摧心碎。4 棄捐之去：人死了，所有財物皆須棄之。

譯文 人們的生命往往會因為遭遇橫禍而無常變化，大火、洪水、盜賊、怨親債主都能使我們失去財物。遭遇如此變故，人們就會憤恨難平，憂愁長結心中，而且這些人總是看不破、放不下，窮年累月，愁苦不堪。或因貪求財物，身心交瘁，導致健康大受損害，甚至身亡命終。到那時，捨命換來的財物，還不是要捨之而去，又有哪一樣跟着你呢？

### 賞析與點評

財富確能給人們帶來暫時的快樂。然而，《大智度論》告誡世人：「富貴雖樂，一切無常，五家所共，令人心散，輕躁不定。」（T25.142b21-22）我們辛苦掙來的財富，到頭來還是為「五家所共」，確實令人坐立不安。大火可令我們的財富化為灰燼；洪水可以淹沒我們的房舍田地，令人一貧如洗；貪官可以任意掠奪我們的家財；盜賊可以搶走我們的金錢；不孝子孫又可以敗盡家財。無論是哪一種因，都會導致財產損失，都會令人痛苦不堪。

〔富貴苦〕尊貴豪富，亦有斯患。憂懼萬端，勤苦若此。結眾寒熱[1]，與痛共居。

〔無財苦〕貧窮下劣，困乏常無。無田亦憂，欲有田；無宅亦憂，欲有宅；無牛馬六畜、奴婢錢財、衣食什物，亦憂欲有之。適有一，復少一。有是少是[2]，思有齊等。適欲具有，便復縻散[3]。

注釋　1結眾寒熱：結果種下眾多八寒八熱地獄之種子。2有是少是：多也憂愁，少也煩惱。3縻散：糜爛、散失。

譯文　像尊貴豪富之人，也有這種患得患失的心態，他們為了維持名利地位，唯利是圖，勾心鬥角，真是憂懼萬端。他們愈是如此為富不仁，所造作的惡業就愈多，結果種下了無數三惡報及八寒八熱地獄的種子，後世難免要與三惡道的痛苦結下不解之緣了。

而那些貧窮低賤的人，則常常為缺衣少食所困。沒有田的，為田擔憂，想有田；沒有房子的，為房子擔憂，想有房子；沒有牛馬六畜、奴婢傭人、金銀錢財、衣食雜物的，為牛馬六畜、奴婢傭人、金銀錢財、衣食什物擔憂，想要擁有。好不容易擁有了些財物，又立即失去一些，所以沒有與有都同樣憂愁。有了這一樣，又覺得少了那一樣，總想跟別人看齊，你有我也要有，所以他們一生都在憂愁、苦惱中過日子。（前世若有修福，此生不求自得；若無修福，）就算千方百計求得了，也會左手來右手去，轉眼成空。

## 賞析與點評

二十年前，我在東北鄉間一小道上趕路。一位老農肩挑重擔，迎面而來。他好奇地打聽：「請問小師傳，你是信佛教還是道教？」我隨口答道：「佛教，你呢？」老農一邊喘着氣，一邊很認真地答道：「我既不信佛教，也不信道教，就信睡教（覺）」。望着老農遠去的背影，我陷入了沉思：是啊！這位老農為了養家餬口，披星戴月，東奔西跑，他缺少的正是食物、睡眠，自然會把「睡覺」看成是人生一大樂事，信仰「睡教（覺）」也就很自然了。目前世界上很多人仍處在貧困線下，溫飽問題尚未解決，終日為生活而奔波，無財真苦！

〔求財苦〕如是憂苦，當復求索。不能時得，思想無益，身心俱勞，坐起不安。憂念相隨，勤苦若此。亦結眾寒熱，與痛共居。或時坐之[1]，終身夭命[2]。〔來世苦〕不肯為善，行道進德，壽終身死，當獨遠去[3]。有所趣向，善惡之道，莫能知者。

注釋

1 或時坐之：或者今生就受到國法的制裁而坐牢。2 終身夭命：這裏是說因造惡業，

## 譯文

其身遭遇橫禍而短命。3 當獨遠去：因造惡業，死了之後當然獨自墮落於三惡道之中。還有的人稍稍富有，旋即得而復失，於是又憂愁痛苦，不得不繼續求索，但又不可能每一次都能得到，結果日思夜想，費盡心思，身心疲憊，坐立不安。憂愁和心勞如影隨形，愁苦不斷。終日為妄心所驅使，投機取巧，雖勤苦一世，換來的卻是無數的三途惡報及八寒八熱地獄的種子，後世必與痛苦結下不解之緣，或是現世中即遭受國法的制裁，或是遭遇橫禍而死於非命。這類唯利是圖不肯為善和修道積德的人，死後即隨業受報，當然是獨自墮落於三惡道之中。善有善報，惡有惡報，一個人將來是走向三善道還是三惡道，不要問別人，自己應該知道。

## 賞析與點評

麝因香重身先死，蠶因絲多命早亡；
世界從來多缺陷，幻軀哪得免無常。

——明．憨山德清

麝香鹿因為麝香而死，桑蠶因絲而亡；人為財死，鳥為食亡。世人誤以為身外的權力、財富可保人一生平安，沒有錢苦，就拚命去掙錢；有錢時更苦，擔心被謀財害命、綁架等。沒有出名時苦，擔心別人瞧不起；有了名後更苦，失去自由，甚至沒有私隱可言。沒有權時苦，受人欺壓；有權時更苦，整天疲於應酬，説話做事更要處處小心。

就這樣在貪心的驅使下，永無休止地積累身外之物，結果是越「積」越「累」。更糟糕的是，「世界從來多缺陷，幻軀哪得免無常」，生命不過幾十年寒暑，一轉眼無常又至，一旦身亡命終，好不容易掙到手的權力、財富皆無法帶走，只有現世所造罪業會一分不少地帶到來世受報，自作自受，苦不堪言啊！

**〔勸互相敬愛〕世間人民，父子兄弟，夫婦家室，中外親屬[1]，當相敬愛，毋相憎嫉。有無相通，無得貪惜。言色常和，莫相違戾[2]。**

注釋

1 中外親屬：中，指家族中的父、母、兄、弟、妻、子六親眷屬；外，指家族以外之親戚，如外公、外婆等。2 莫相違戾：切莫做出互相敵對和暴戾的行為。

譯文

世間之人，父子之間、弟兄之間、夫妻之間、家族成員之間、家族以外的親朋戚友，都應當互相敬愛，不要相互憎恨、嫉妒。在財物方面，亦應互通有無，千萬不可吝嗇。説話要和顏悦色，切莫做出互相敵對或暴戾的行為。

### 賞析與點評

在於世界中，從非怨止怨；
唯以忍止怨，此古「聖常」法。
——南傳《法句經》第五偈

在三毒中，「嗔恚」排列第二。佛陀在此偈中告誡世人，以怨報怨，怨恨不但不會終止，反而會加劇。人與人之間發生爭執時，先以忍讓安撫憤恨的情緒，再以慈悲心化解對方心中的仇恨，大家就能和睦相處了。

**〔結怨之苦〕或時心諍[1]，有所恚怒。今世恨意，微相憎嫉，後世轉劇，至成大怨。所以者何？世間之事，更相患害[2]。雖不即時，應急相破。然含毒蓄怒，結憤精神，自然剋識[3]，不得相離，皆當對生，更相報復。**

注釋

1 心諍：意見相左。2 更相患害：彼此報復、互相傷害。3 剋識：為識所剋制。識，指阿賴耶識，這裏是說如果大家互相懷恨於心，即在阿賴耶識裏種下了惡的種子，此種子遇緣必起現行，而互相報復。

## 譯文

要知道，大家意見相左時，若不能忍讓，便會產生嗔恚忿怒的情緒。這種恨意剛開始哪怕只有一點點，今生若無法消除，被帶到來世時，便會越積越嚴重，最終發展成深仇大恨。為甚麼會這樣呢？因為世界因果，循環不息，你報復我，我報復你，生生世世，互相傷害。今生的恨意，其果報雖然沒有立刻出現，但是遲早會報的，所以雙方應當盡快想辦法破解，釋怨解結，不要讓仇恨滋長。不然的話，這種彼此想要傷害對方、懷恨於心的情形，自然就會在阿賴耶識裏熏成種子；有了種子，遇緣就會發生現行；現行又熏成種子，如是種子生現行，現行生種子，相熏相生，不得相離，於是互相報復的程度就會愈演愈烈，誰也逃不了冤冤相報的惡性循環。

## 賞析與點評

嗔是心中火，能燒功德林。
欲行菩薩道，忍辱護真心。
——唐・寒山

人與人相處，難免意見相左，或為了蠅頭小利而起爭執，嗔恨心生起，怒火中燒，做出種種惡事來。《大方廣佛華嚴經隨疏演義鈔》云：「一念嗔心起，百萬障門開。」（T36.21c23）在嗔恨心的推動下，雙方相互報復，怨恨越積越深，今世受苦，來世受報，實在是得不償失。佛陀告誡人們，忍辱不僅可以治嗔恨心，而且可以保護世人的真心。

〔棄怨修道〕人在世間，愛欲之中，獨生獨死，獨去獨來。當行至趣苦樂之地，身自當之，無有代者。善惡變化，殃福異處[1]，宿豫嚴待[2]，當獨趣入。遠到他所，莫能見者。善惡自然，追行所生，窈窈冥冥[3]，別離久長，道路不同，會見無期，甚難甚難！復得相值。何不棄眾事[4]，各遇強健時，努力勤修善，精進願度世，可得極長生。如何不求道，安所須待，欲何樂乎？

注釋

1 殃福異處：殃，指惡有惡報；福，指善有善報；異處，指善惡果報。2 宿豫嚴待：宿豫，指過去或今生所造業因；嚴待，指由業因而生的果報在前面嚴陣以待。3 窈窈冥冥：窈窈，比喻深遠；冥冥，昏暗不明。4 棄眾事：這裏指應拋棄貪欲、嗔恚、結怨等等。

## 譯文

人生世間，都在愛欲之中打滾，為得所愛，遂起貪求；求而不得，便生嗔恚。由於每個人所造的業因不同，果報也就不一樣，以致將來在六道之中輪迴時，都是獨生獨死，獨去獨來，無人作伴。行善的人將投生於幸福的地方，行惡的人將投生到多災多難的地方。這都是自己造業的結果，只能自己承受，沒有人能替代。由於今生造業不同，來世的果報便起善惡的變化。業惡者，即投向遭殃之三途；業善者，則投向人天之善道。總之，你過去或今生所造的業因，其果報就在前面等你。六道眾生，都是這樣隨業受報，自己走向三善道或是三惡道。這種六道輪迴受報的真相，世人因愚癡而不知。

善因自然有善報，惡因自然有惡報，這種善惡果報，不管你投生到何處，它都會對你緊追不捨，在六道之中輪迴時，有人生天，有人墮地獄，各人所走的道路不同，所以都是孤身上路，而且時長路遙，想要與至親再相聚，那是很難、很難的事，簡直會見無期！

因此，大家今天既然有緣相聚在一起，何不把貪欲、嗔恚、愚癡、怨恨等事拋開？趁大家都身強體健的時候，努力斷惡修善，立願在此生中，了生死、離輪迴、出三界。只要一心念佛，發願求生，必生極樂。為甚麼不求這樣的道呢？還等甚麼呢？你還要甚麼樣的快樂呢？

〔不信因果，愚癡之首〕如是世人，不信作善得善，為道得道。不信人死更生，惠施得福。善惡之事，都不信之。謂之不然，終無有是。但坐[1]此故，且自見[2]之，更相瞻視[3]，先後同然。〔邪見相承，先人迷執〕轉相承受，父餘教令。先人祖父，素不為善，不識道德。身愚神暗，心塞意閉。死生之趣，善惡之道，自不能見，無有語者[4]。吉凶禍福，競各作之，無一怪也。

注釋

1 坐：因。2 自見：執著自己之所見，相當於「見取見」。3 更相瞻視：你看我，我看你，互相仿效。4 無有語者：沒有人對他說。

譯文

有這樣愚癡無明的世人，不信修善會得善果，修道必然得道的因果定律，也不信人死之後還會投胎再生，惠施行善就會獲得大福報，乃至善有善報，惡有惡報之事，他一概不信，說那不是真的，根本沒有這麼一回事。因為沒有智慧，凡事都執著己見，自以為是，更與同樣愚癡的人在一起，互相仿效、學習，都不信因果。這種不信因果的現象，是一代代傳承下來的。因父輩不信，言傳身教，在不知不覺中影響下一代。在過去生中，其先人祖父素來不做善事，不識倫理道德，又常教子女做一些愚癡迷信的事，導致他們善惡不分，真偽不辨，心意閉塞，沒有智慧。對於生死輪迴六道之理，及善惡因果報應之事，自己既不能知、不能見，又沒有人把作善必得吉慶、福報，作惡必有凶耗、禍殃的道理告訴他們，於是大家競相造惡，且習以成性，沒有人覺得這有甚麼不對，因為都已見怪不怪了。

### 賞析與點評

世有多解人，愚癡徒苦辛。不求當來善，唯知造惡因。
五逆十惡輩，三毒以為親。一死入地獄，長如鎮庫銀。

——唐・寒山

佛家說的「愚癡」，並非僅僅是愚昧無知，更指知見不正，主要包括不信因果、不明白緣起性空和四聖諦（苦、集、滅、道）之理，因而與「五逆十惡」為伍，視「三毒」為親人，胡作非為，到頭來自作自受，「一失足成千古恨，回頭已是百年身」。

〔不信經法〕生死常道[1]，轉相嗣立[2]。或父哭子，或子哭父。兄弟夫婦，更相哭泣。顛倒上下[3]，無常根本，皆當過去，不可常保。教語開導，信之者少，是以生死流轉，無有休止！

注釋

1 生死常道：常在六道之中輪迴。2 轉相嗣立：在六道之中輪迴的眾生，改頭換面，相續不斷，前後嗣立。嗣，嗣續、繼續。3 顛倒上下：在六道之中輪迴，有時上生天上，有時下墜地獄；或父死為孫，母死為女這一類顛倒的事。

譯文

眾生常在六道之中輪迴，此死彼生，此生彼死，轉世後改頭換面，相續不斷，無始無終。臨終時，或父哭子，或子哭父，兄弟、夫婦都互相哭泣，十分哀傷。然而在六道之中輪迴時，時常顛倒上下不定，有時上生天，有時下地獄，有時父死為孫，有時母死為女，這是一種無常變化的現象，凡事都不能永保不變，一切都會成為過去。

賞析與點評

孫兒娶祖母，子擊父皮鼓；
豬羊座上客，六親鍋內煮。
——古德

一位有天眼通的禪師應邀請參加友人的婚宴。他用天眼看到婚宴作樂的鼓皮，是新郎生父轉世為牛的皮，新娘是新郎祖母的轉世，滿座嘉賓皆是豬羊轉世而來，桌上的佳餚，全是六親轉世為豬羊的骨肉。感慨之餘，他作了以上偈頌，說明芸芸眾生在六道輪迴中「顛倒上下」，實在可悲又可笑。

**〔傷歎失道〕如此之人，蒙冥抵突[1]，不信經法，心無遠慮，各欲快意。癡惑於愛欲，不達於道德，迷沒於嗔怒，貪狼[2]於財色。**

**注釋**　1 蒙冥抵突：蒙，不信經法，不明事實真相；冥，善惡不分，真偽不辨；抵，抵觸，如見善不喜，聞法不修；突，衝突，如常作諸惡，無慚無愧心。2 貪狼：比喻貪得無厭。

**譯文**　（佛陀屢次以無常的道理教化眾生，開導眾生不可執著世間的一切事物為實有。然而眾生愚癡，大多不信佛語，作了惡也不知慚愧，以致因惑造業，因業受苦，不停地在六道之中流轉生死。）像這一類不信經法而蒙冥抵突的世人，他們做甚麼事情都沒有考慮到其後果，只圖一時之快意，絲毫無懼因果的報應；沒有智慧的人，煩惱習氣很重，貪愛五欲（財色名食睡）享受，為了滿足自己的欲望，所有沒有道德的事都敢做，得不到時又生嗔發怒，他們對於財色，尤其貪得無厭，猶如豺狼。

**〔恩愛阻道〕坐之不得道，當更惡趣苦，生死無窮已，哀哉甚可傷。或時室家、父子、兄弟、夫婦，一死一生，更相哀愍。恩愛思慕，憂念結縛[1]。心意痛著，迭相顧戀[2]，窮日卒歲，無有解已。**

**〔因癡造業〕教語道德，心不開明。思想恩好[3]，不離情欲。惛矇暗塞，愚惑所覆。不能深思熟計，心自端正，專精行道，決斷世事。便旋至竟[4]，年壽終盡，不能得道，無可奈何！**

注釋

1 憂念結縛：憂愁思念，如繩結縛，很難解開。2 迭相顧戀：迭，輪流、屢次。迭相顧戀就是彼此顧戀不捨。3 思想恩好：整天想着恩愛情欲的事。4 便旋至竟：惡貫滿盈的人壽命旋即終盡。

## 譯文

因為愚癡，造諸惡業，又不懂得念佛求生西方，來生難免墮落三惡道，遭受無窮無盡的痛苦，那是一件很悲慘的事！人有生必有死，此乃自然之法則，但是世人不明白無常的道理，一遇到至親如父子、兄弟或夫婦，有一人去世，就悲痛欲絕，對之追思不已，猶如繩子打結一般難以解開，這樣讓哀傷綿綿無有盡期，也是愚不可及的事啊！

佛陀的教誨，因他們障深慧淺而無法心開意解，一心只想恩愛相好，沉溺於情欲之中，神魂顛倒。他們之所以如此，那是被愚癡、煩惱所蓋覆的緣故。由於愚癡，不能深思因果之理，熟慮生死輪迴之道，因此不能端正自心，放下萬緣，專心行道。轉眼無常到來，便走到了人生的盡頭，雖然年壽終盡，但糊塗一生，不聞經法，不能得道，萬般帶不去，唯有業隨身。但到這時，即使後悔，也是無可奈何啊！

## 賞析與點評

不醒沉淪苦海中，忙忙世事走西東。
金錢情愛迷真性，往往來來一世空。
——古德

無知的小孩看到刀刃上的蜜，便會貪婪地去吸吮，卻不知有割傷舌頭的危險；同理，世人愚癡，見美色而動色欲，見財寶而動貪欲，只知錢財美色之可愛，「思想恩好，不離情欲」，在不知不覺中迷失本性，終生不能悟道。這都是愚癡貪愛的惡果。

〔因癡起貪〕總猥憒擾[1]，皆貪愛欲。惑道者眾，悟之者少。世間匆匆，無可聊賴。

〔因癡起嗔〕尊卑上下，貧富貴賤，勤苦匆務[2]，各懷殺毒。惡氣窈冥[3]，為妄興事[4]。違逆天地，不從人心。自然非惡[5]，先隨與之，恣聽所為，待其罪極，其壽未盡，便頓奪之。

〔愚癡果報〕下入惡道，累世勤苦，輾轉其中，數千億劫，無有出期。痛不可言，甚可哀愍！

注釋

1 總猥憒擾：愚癡的人，總是猥瑣不堪而糊塗昏憒，內心也擾攘不安。2 勤苦匆務：勤苦匆忙地從事爭名奪利的事。3 惡氣窈冥：充滿邪惡的氣氛而昏暗不明。4 為妄興事：為了虛妄的欲念而肆無忌憚地造罪。5 自然非惡：自然招感惡因、惡緣的出現。

## 譯文

愚癡的人，貪愛五欲享受，總是行為猥瑣不堪，思想糊塗昏憒，心境擾攘不安。像這種對宇宙人生真相迷惑不解的人至多，覺悟的人極少。奈何人生短暫，來去匆匆，想求時間停下來是不可能的。

世間的人，無論尊卑、老少、貧富、貴賤，都在為名利而心勞形役，都懷着自私自利、損人利己的念頭，為了滿足虛妄的欲望而昧着良心去做唯利是圖的事，致使世間充滿了邪惡之氣。大家常常為了一點小事大動干戈，既違反了天地的好善之德，也不順從做人應有的良知。天地之間的自然規律是客觀的，不能憑自己的好惡隨意改變，作惡的人不是沒有惡報，只要等到其惡貫滿盈，果報成熟，自然不得善終，墮入惡道，生生世世，受苦無窮，千萬億劫，不得解脫。其痛其苦不堪言說，實在可憐！

## 賞析與點評

人生到處知何似，恰似飛鴻踏雪泥。
泥上偶然留指爪，鴻飛哪復計東西？

——宋·蘇東坡

鴻鵠在雪地上留下爪印，瞬息即逝；人好不容易來世間一回，卻整天忙於爭名奪利，轉眼間大限已至，不知來世會去何方?!這都是愚癡愛欲的惡果！

**〔佛勸往生〕佛告彌勒菩薩、諸天人等：我今語汝，世間之事，人用是故[1]，坐不得道。當熟思計，遠離眾惡，擇其善者，勤而行之。愛欲榮華，不可常保，皆當別離，無可樂者。**

注釋

1 人用是故：人被貪、嗔、癡所利用之故。

譯文

佛陀告訴彌勒菩薩及一切天上和人間的眾生：我現在要清楚地告訴你們，在這個世間，眾生因為上述貪欲、嗔恨、愚癡等緣故，不能得道。你們應當深思熟慮，然後遠離罪惡，努力行善，這樣才有超凡入聖的希望。世間的一切恩愛、五欲六塵、榮華富貴等等，都是變幻無常的，誰也不能永遠擁有它，緣盡時即離你而去，它不能讓人得到真正的快樂。

## 賞析與點評

善似青松惡似花，乍看眼前不如它。
有朝一日遭霜打，只見青松不見花。

——明·劉伯溫

青松看似不如鮮花美，但再美的鮮花也經不起風吹雨打，而松樹則能經受狂風暴雨的考驗，即使在冰天雪地的嚴冬仍能昂首挺胸，顯示出其常青的風采。同理，世間的「愛欲榮華」乃至邪惡的行為如同鮮花，雖能令人享樂、得利於一時，但當業障出現時，必然自食其果；而學法行善如同青松，能幫助人度過人生的嚴冬。因此，佛陀鼓勵世人要「遠離眾惡，擇其善者，勤而行之」。

〔佛勸往生〕遇佛在世，當勤精進。其有至願，生安樂國者，可得智慧明達，功德殊勝。勿得隨心所欲，虧負經戒，在人後也。儻有疑意不解經者，可具問佛，當為說之。

〔彌勒誠證〕彌勒菩薩長跪白言：佛威神尊重[1]，所說快善[2]。聽佛經語，貫心思之，世人實爾，如佛所言。今佛慈愍，顯示大道，耳目開明，長得度脫。聞佛所說，莫不歡喜。諸天人民蠕動之類，皆蒙慈恩，解脫憂苦。

注釋

1 威神尊重：佛的身相有威可尊，佛心慈悲有德可重。2 所說快善：佛歡喜勸人向善，絕無戲言。快，歡喜、快樂。

譯文

遇佛住世，說法度生，那是莫大的因緣，你們應當努力修行佛法。倘若有人能夠真心發願，求生極樂世界，一定可以往生，得不退轉，且智慧明達，成就無比殊勝的功德。千萬不要隨自己的習氣而為所欲為，那就辜負了佛在經典戒律中所說的教誡，也平白錯失了在此生中往生極樂的大好機會。就算來生再遇此法門，也已經落在別人之後了。凡見聞本經者，如有任何疑問，或對經中所說有任何不了解的地方，都可以提出來問佛，佛都會為大家細細解說。

時彌勒菩薩代表聽經大眾長跪地上，向佛稟白：佛之身相，有威可尊；佛心慈悲，有德可重，佛無戲言，講經時所說的每一句話，字字珠璣，句句精華，發人深省。佛在前面指出世人三毒過患，確實如此。今天我佛慈憫，為我們特別開示如此至頓、至圓且又至簡、至易的成佛大法，人人皆得念佛三昧，目得見十方諸佛，耳得聞諸佛說法，而且長得涅槃妙樂，度脫生死之苦報。所以今天大家聽到佛說此經，莫不歡喜。以後天上人間的眾生和一切畜生蟲類，如果有緣聽聞此經，歡喜信受，老實念佛，皆可蒙彌陀慈恩加被，帶業往生，解脫一切之憂苦。

## 賞析與點評

是日已過，命亦隨減；如少水魚，斯有何樂！當勤精進，如救頭然；但念無常，慎勿放逸！

——警策偈

一位老人擦亮一根火柴，對少年說：「趁火柴未熄，你在這地下室裏隨便選一件寶物出去吧！」少年借助微弱的亮光，努力辨認地下室最值錢的寶物，還未等他拿定主意，火柴就燃盡了，地下室頓時又變得漆黑一團。少年無限遺憾，老者語重心長地說：「人的青春年華就如同這燃燒的火柴，轉瞬即逝，你要珍惜時光，果斷地做你想做的事。」

佛陀講解貪、嗔、癡等煩惱之害後，勸誡世人：人生難得，佛法難聞，應珍惜光陰，依諸佛所教，勇猛精進，修學正道，早日解脱。

佛語教誡，甚深甚善！智慧明見，八方上下、去來今事，莫不究暢。今我眾等，所以蒙得度脫，皆佛前世求道之時，謙苦所致。恩德普覆，福祿巍巍。光明徹照，達空無極[1]，開入泥洹，教授典攬[2]，威制消化[3]，感動十方，無窮無極。佛為法王[4]，尊超眾聖，普為一切天人之師，隨心所願，皆令得道。今得值佛，復聞無量壽佛聲，靡不歡喜，心得開明。

注釋

1 達空無極：通達諸法畢竟空無。2 教授典攬：佛說此無量壽經，總攬一切佛法之要義。3 威制消化：這部經的威力能制伏眾生的妄想，消滅生死，化除煩惱。4 法王：佛福慧兩足，於法自在，故稱「法王」。

譯文

佛對我們所說的教誡，道理很深奧，方法很善巧，這都是佛依照自己親證之無上菩提，對十方三世之事理因果無不究竟暢通之後，才契理契機地為眾生說法的。世尊為度眾生，虛心求道，勤苦修行，今生證得佛果，所以我等現在才能聽聞佛法，得以解脫。

佛對眾生的恩德，有如天之普覆一切，又如地之普載一切。佛所成就的福慧功德，亦如須彌山之巍巍盛大，殊勝微妙；智慧光明，則徹底明達一切諸法，畢竟空無，並以此智慧方便教導眾生，向眾生開、示、悟、入佛之知見，以令眾生皆入於空有無礙之大涅槃。佛今天所教授的這部經典，總攬了佛法之要義，既可攝受一切苦惱眾生往生極樂，見佛成佛，且威力能夠制伏一切眾生之妄想分別執著，使其生清淨心，了脫生死，化除煩惱，跳出三界。故此，今天從十方來聽經的聲聞、菩薩與大眾，都被佛廣大無邊的慈悲和智慧所感動。

佛為法王，聖中之聖，至尊無上，所以成為一切天、人之導師，能夠應機說法，尤其能隨娑婆眾生之所願，開示此淨土法門，令一切眾生往生極樂，同成佛道。今日我們遇到佛，又親耳聽到佛說《無量壽經》，無不歡喜，人人心中都開悟明白。

賞析與點評

帶雪梅初暖，含煙柳尚青。來窺童子偈，得聽法王經。
會理知無我，觀空厭有形。迷心應覺悟，客思未遑寧。

——唐．孟浩然

孟浩然與彌勒菩薩一樣，聽聞佛陀宣講無我、空有不二之無上大法，心有所悟，無限歡喜，讚歎佛為法中之王，應機說法，為娑婆眾生開示此淨土法門，皆令一切眾生往生極樂，同成佛道。

〔佛法難遇〕佛告彌勒：汝言是也。若有慈敬於佛者，實為大善。天下久久[1]，乃復有佛。今我於此世作佛，演說經法，宣布道教，斷諸疑網。拔愛欲之本，杜眾惡之源。遊步三界，無所罣礙。典攬智慧[2]，眾道之要[3]。執持綱維[4]，昭然分明。開示五趣，度未度者，決正生死泥洹之道。

注釋

1 天下久久：是說這個世界要很久以後，才會再有佛出現。2 典攬智慧：是說這一部《無量壽經》包攬了諸佛的一切智慧。3 眾道之要：是世出世間修行成道之心要。4 綱維：維繫倫常道德的原則。

譯文

佛陀認可彌勒所說：你說得很對。如果娑婆世界的眾生能以至誠的心來恭敬愛戴諸佛，就是最大的善。世界要經歷很長時間才會有佛出現。我如今於此世間成佛，宣揚符合真理的教法，其目的是要使一切眾生斷除見解和思想方面的疑惑，拔除眾生貪愛之根，斷絕眾惡的根源，來往於欲界、色界和無色界，無所障礙。佛法無數無量，但其綱要我都昭示給了六道眾生，綱舉目張，引導那些仍未覺醒的眾生正確認識生死、認識佛法，最後他們一定能夠得到解脫。

〔難行道難成〕彌勒當知，汝從無數劫來，修菩薩行，欲度眾生，其已久遠。從汝得道，至於泥洹，不可稱數。汝及十方諸天人民一切四眾，永劫以來，輾轉五道，憂畏勤苦，不可具言。乃至今世，生死不絕，與佛相值，聽受經法，又復得聞無量壽佛，快哉甚善！吾助爾喜。

譯文

佛陀進一步對彌勒菩薩說：彌勒你應當知道，你在無數劫前便已發菩提心，修菩薩行，發願普度眾生，已經很久很久了。現在要等你證得涅槃，得道成佛，普度眾生，還要等不可稱說那麼長的時間。總之，你及十方世界諸天人民乃至一切出家在家四眾弟子，從久遠劫以來，輾轉五道，沉淪生死，憂悲怖畏，其苦說之不盡，一直到今生今世還是生死相續，尚未斷絕。如今你與佛相逢，聽佛說法，另外又能聽聞無量壽佛的法門，真是太好太殊勝了！以後你們不再需要那麼多劫的修行了，就在這一生便能了生死、離輪迴、出三界、生淨土、成佛道，不僅你與一切眾生歡喜，我也會為你們歡喜的。

〔厭穢欣淨〕汝今亦可，自厭生、死、老、病痛苦，惡露[1]不淨，無可樂者。

**宜自決斷，端身正行，益作諸善。修己潔淨，洗除心垢。言行忠信，表裏相應。人能自度，轉相拯濟。**

注釋

1 惡露：人身九孔所常流的不淨之物。九孔即人的兩眼、兩耳、兩鼻孔、口、大便處、小便處。

譯文

佛陀告訴彌勒菩薩及一切苦惱眾生：你們若想一生成就，先要自己厭棄生死老病的痛苦，觀察此身九孔常流不淨之物，有甚麼值得喜歡和貪愛的呢？你們應該下定決心，端正身心，要多行善積德，還要把自己那顆被貪欲、嗔恚、邪見所污染的心，用佛法來洗滌，使之恢復原有的潔淨；同時在言語方面，要言與行相符，表（外在的行為）裏（內在的心想）如一。如果能做到三業清淨，必能自度，成就往生，將來乘願再來，輾轉拯拔救濟那些尚沉淪於生死苦海中的有緣人。

**〔一生成就〕精明求願，積累善本。雖一世勤苦，須臾之間，後生無量壽佛國，快樂無極。長與道德合明[1]，永拔生死根本。無復貪、恚、愚癡、苦惱之患。欲壽一劫、百劫、千億萬劫，自在隨意，皆可得之。無為自然，次於泥洹之**

道。汝等宜各精進，求心所願。無得疑惑中悔[2]，自為過咎，生彼邊地[3]七寶宮殿，五百歲中，受諸厄[4]也。

彌勒白佛言：受佛重誨，專精修學，如教奉行，不敢有疑。

注釋

1道德合明：就是福慧俱足的意思。道，指佛所證得的菩提智慧；德，指修善而得的福德。2疑惑中悔：對所修的法門懷疑迷惑，或是中途退悔改修別的法門。3邊地：又名邊地疑城，即邊隅之地，指西方極樂世界的邊隅，有地名懈慢界，又名胎宮，往生到那裏的人，五百歲間不得見聞三寶，因此處為疑根未斷的人所居，故名疑城。4諸厄：指往生極樂世界邊地疑城的人，有五百歲不得見聞三寶的苦難。

譯文

在清淨三業的同時，尤其要精進念佛，明明白白地發願求生極樂世界，廣行眾善，積功累德，雖然一世努力辛苦，但到最後，只要片刻即能往生極樂，便可以得到無窮無盡的快樂。並且得到阿彌陀佛本願威德神力的加持，即與佛完美無缺的福慧結合，永斷生死之根，親證不生不滅之涅槃，從此不會再有貪欲、嗔恚、愚癡之煩惱禍患，一切都是自由自在，想活一劫、百劫，乃至千萬億劫，都可以隨心所欲，舉手投足，發自自然，不再造業，直至涅槃成佛。你們要各自努力，精進不懈地追求和實現心中的夢想，不可疑疑惑惑或者中途反悔，這樣會咎由自取，只能生到極樂世界的邊地，被關在七寶宮中，遭受種種困苦。彌勒菩薩聽後，連忙回答：我等受佛再三教誨，一定專心致志，勤奮修學，謹遵佛之教導，不敢有絲毫懷疑！

賞析與點評

一朵蓮含一聖胎，一生功就一華開。
稱身瓔珞隨心現，盈器酥酡逐念來。
金殿有光吞日月，玉樓無地着塵埃。
法王為我談真諦，直得虛空笑滿腮。

——明．楚石大師

要世人專心修行，比登天還難。然而，佛陀勸誡大眾，即使花費幾十年專心念佛，與無量劫輪迴受苦相比也是值得的。正如經中說，「雖一世勤苦，須臾之間便生無量壽國，快樂無極」。

**〔總誡〕佛告彌勒：汝等能於此世，端心正意，不作眾惡，甚為至德。十方世**

界，最無倫匹，所以者何？諸佛國土，天人之類，自然作善，不大為惡，易可開化。

今我於此世間作佛，處於五惡[1]、五痛[2]、五燒[3]之中，為最劇苦。教化群生，令捨五惡，令去五痛，令離五燒；降化其意，令持五善[4]，獲其福德，度世長壽泥洹之道。

佛言：何等五惡？何等五痛？何等五燒？何等消化五惡，令持五善，獲其福德度世長壽泥洹之道？

注釋

1 五惡：殺生、偷盜、邪淫、妄語、飲酒。2 五痛：由五惡所招感的種種痛苦報應。3 五燒：造殺、盜、淫、妄、酒五惡的人，生時受到國家法律的制裁，死後又墮入三惡道，謂之「五痛」，其痛切身，猶如火燒，故喻之為「五燒」。此五燒是指果報，亦即畜生、餓鬼、地獄三惡道苦報。4 五善：即五戒。五戒是不殺生、不偷盜、不邪淫、不妄語、不飲酒。

譯文

佛陀告訴彌勒菩薩：你們在這個五濁惡世，能夠端正身心，諸惡不作，功德最大，十方世界無人能比，為甚麼呢？其他諸佛世界，天神世人善根深厚，舉手投足，自然皆是行善，不大作惡，所以容易教化。

而此世間，充滿五惡、五痛、五燒，在所有的世界中是最痛苦的，所以我今於此世間成佛，教化眾生，讓他們捨離五惡、五痛、五燒，去除邪惡，受持五善，使他們獲得福德、解脫、長壽，直至涅槃成佛，甚為不易！

佛陀接着說：那麼，甚麼是五惡？甚麼是五痛？甚麼是五燒？怎樣去除五惡，如何才能使這些人受持五戒十善，使他們都獲得福德，了生脫死，得無量壽，證大涅槃？

## 賞析與點評

學佛法，貴在知因果。見果知因（T36.806a23），見因知果（T36.584c16），明了福禍之果皆從因來，所以有智慧的人畏懼種惡因以避免得惡果，因而特別注重種淨因，善果隨之而來。反之，沒有智慧的人不顧後果爭名奪利，種下種種惡因，等到惡果出現才開始害怕，但為時已晚。這就是佛家所說的「菩薩畏因，眾生畏果」的道理。佛陀詳細描述世人因犯「五惡」而招「五痛」的現世報與「五燒」的來世報，以引起世人對因果的高度重視，令人發心修善因，得往生極樂國土的果報。

〔殺業第一惡〕其一惡者，諸天人民蠕動之類，欲為眾惡，莫不皆然。強者伏弱[1]，轉相剋賊[2]，殘害殺戮，迭相吞噬。不知修善，惡逆無道。

〔殺生生報〕後受殃罰，自然趣向。神明記識[3]，犯者不赦。故有貧窮、下賤、乞丐、孤獨、聾、盲、瘖瘂[4]、愚癡、弊惡[5]，至有尪狂[6]不逮之屬[7]。又有尊貴豪富，高才明達，皆由宿世慈孝修善，積德所致，世有常道[8]。

注釋

1 強者伏弱：強大的欺負弱小的，亦即弱肉強食。2 轉相剋賊：就是互相剋制，彼此殺害。轉相，互相；剋，剋制；賊，指殺害。3 神明記識：人的神識明明白白地將人一生所造的善惡業都記在阿賴耶識中。4 瘖瘂：啞巴。5 弊惡：醜陋。6 尪狂：尪，跛腳；狂，癲狂，相當於精神分裂症。7 不逮之屬：完全不像人的一類。8 世有常道：世間有懲罰罪人常用的方法，如牢獄、極刑等等。

譯文

在眾多惡業中，第一大惡是：欲界諸天和世間的人，及畜生道的眾生，為了私欲而共造殺業，以強淩弱，弱肉強食，互相殘殺。這都是因為不知道修善，才會這樣作惡多端，違逆天理道德。

作下殺業，一定會遭受災殃的懲罰果報，那是自然而然的事情，決不是甚麼神在懲罰你，而是你造作殺業時所起的惡念種子，明明白白地種在自己的阿賴耶識裏。這些種子遇緣就會生起現行，凡是犯罪的人都不得赦免，一定會惡業惡報，於是世間就有了貧窮、下賤、乞丐、孤獨、聾子、盲人、啞巴、白癡，乃至跛子、癲狂等完全不像人的一類人。與此相反的，世上也有許多尊貴、豪富、有才能、有智慧的人，這都是由於過去生中行慈盡孝、修善積德所感得的善果。

## 賞析與點評

千百年來碗裏羹，冤深似海恨難平。
欲知世上刀兵劫，但聽屠門夜半聲。

——古德

生命對眾生都是寶貴的，但不少人因貪美味佳餚而大肆殘殺動物，因貪財而謀財害命，因貪權而展開無情鬥爭……人們的生命安全得不到保障，主要的精力自然都放到求生存上了，這樣的社會怎麼能得到發展？所以生存的基本條件是生命安全，因為人們愛惜自己的生命重於世界上任何一樣東西，所以佛陀把「不殺生」放在第一位，而犯殺生戒被看成是世間第一惡。

〔盜業第二惡〕佛言：其二惡者，世間人民，父子、兄弟、室家、夫婦，都無義理[1]，不順法度。奢淫憍縱，各欲快意。

〔盜業範圍〕任心自恣[2]，更相欺惑。心口各異，言念無實。佞諂不忠[3]，巧言諛媚，嫉賢謗善，陷入怨枉。主上不明，任用臣下；臣下自在，機偽多端。踐度能行，知其形勢。在位不正，為其所欺，妄損忠良，不當天心[4]。臣欺其君，子欺其父，兄弟、夫婦、中外知識，更相欺誑。各懷貪欲、嗔恚、愚癡，欲自厚己[5]，欲貪多有。尊卑上下，心俱同然。破家亡身，不顧前後。親屬內外，坐之滅族。或時室家、知識、鄉黨、市里、愚民、野人，轉共從事。更相利害，忿成怨結。富有慳惜，不肯施與，愛保貪重，心勞身苦。

注釋

1 義理：正義和公理。2 任心自恣：聽任自己貪欲的心而為所欲為。3 佞諂不忠：佞，心術不正；諂，諂媚奉承；不忠，對人不真誠。4 不當天心：置天理良心於不顧。5 欲自厚己：要自己得到很豐厚的利益。

譯文

佛接着又說：第二大惡，就是偷盜。世間的人，就連父子、兄弟、夫婦之間，往往都不講正義和公理，也不依法律和制度，而過分的奢侈、驕慢和放縱，只圖一時快樂，放縱自己，隨心所欲。

世人都聽任自己慳吝貪欲的心而為所欲為：他們互相欺騙，口是心非，從來不說實言。對上奸佞不忠，花言巧語，阿諛奉承；同輩之間嫉賢妒能，譭謗賢善；身為上司卻昏庸無能，放縱屬下，致使屬下肆意妄為，曲意諂媚，進一步導致為上者不能恪盡職守，做出損害忠良、有違天地良心之事。就像這樣，為臣的欺騙其君，做子女的欺騙父母，兄弟之間、夫妻之間、內外親朋之間，包括一切所知所識的親朋戚友，全都互相欺詐。無論家中的長輩、晚輩或是外面的上司、下屬，大家的心思都是一樣的：人人懷着貪、嗔、癡三毒之心，損人利己，貪得無厭。這些人從來不知思前顧後，公然集合家人、外人、所知所識的親朋戚友，乃至一鄉一村的人打家劫舍。他們既愚又野，對於偷盜得來的財物，往往因為分贓不均，發生利益衝突，結忿成仇，互相殘殺，結果招致家破人亡，乃至殺身滅族之禍患。又有的以欺詐誑騙手段，得人財物致富之後，不改慳吝本性，愛財如命，不肯施捨，因此既要保護已有，又心無厭足，搞到心勞身苦，憂苦不堪！

## 賞析與點評

一切諸眾生，衣食以自活。

若奪若劫取，是名劫奪命。

——《大智度論》

人類生存所依賴的衣食住等物資，若被巧取豪奪，會直接或間接地威脅人類的生存，《大智度論》將之稱為「外命」：「不盜有何等利？答曰：人命有二種，一者內，二者外，若奪財物是為奪外命。何以故？命依飲食衣被等故活，若劫若奪是名奪外命。」（T25.156a25-27）由此可見，當一個人的生命得到保障後，他（她）最關心的是自己賴以生存的財產。私有財產的安全，是最基本的人權之一，因此在五戒、八關戒齋、十戒、十善戒以及大乘《梵網經》十重戒中，不偷盜戒都是處於第二位。本經因而把偷盜看成是第二惡。

〔邪淫第三惡〕佛言：其三惡者，世間人民，相因寄生[1]。共居天地之間，處年壽命[2]，無能幾何。上有賢明、長者、尊貴、豪富；下有貧窮、廝賤、尪劣、愚夫；中有不善之人，常懷邪惡。但念淫泆[3]，煩滿胸中[4]，愛欲交亂，坐起不安。

注釋

1 相因寄生：指眾生由於淫欲之業而出生於此世間。2 處年壽命：指住在世間的壽命。3 淫泆：邪淫放蕩。4 煩滿胸中：欲火中燒，意亂情迷。

譯文

佛陀接着説道：世人的第三大惡，就是邪淫。世間的人，因淫欲的宿因來做父母子女，共同寄生天地之間。在世壽命沒有多長。然而，上至賢明的長者、尊貴的達官富豪，當中有不少不善之人，下至貧窮的廝役奴僕、殘廢的人，以及沒有文化的愚夫愚婦等，悉皆心懷邪念，念念不忘放蕩邪淫，胸中充滿了淫欲的煩惱與欲望。因欲火中燒，即使不是夫妻，照樣邪淫亂交，事後擔心東窗事發，又坐立不安。

〔由邪淫而兼起殺盜〕貪意守惜，但欲唐得，眄睞細色[1]，邪態外逸[2]。自妻厭憎，私妄出入[3]。費損家財，事為非法[4]。交結聚會，興師相伐。攻劫殺戮，強奪無道。惡心在外[5]，不自修業。盜竊趣得，欲擊成事[6]。恐勢迫脅，歸給妻子。恣心快意，極身作樂。或於親屬，不避尊卑。家室中外，患而苦之。亦復不畏王法禁令。

注釋

1 眄睞細色：用眼睛斜視美色。細色，美色。2 邪態外逸：外表流露出邪淫放蕩之態。3 私妄出入：指暗中將家中財物取出給對方，及偷偷摸摸地私自進出她家。4 事為非法：去做金屋藏嬌或紅杏出牆這種非法的事。5 惡心在外：內有邪淫之惡心，外則有惡劣之行為。6 欲擊成事：追求對方，非成功不可的意思。

譯文

世人潛意識總是企盼有一段「豔遇」。於是左顧右盼獵尋美色，之後金屋藏嬌，卻對自己的妻子厭惡憎恨。他們對於外遇千依百順，私自將家中財物給對方，甚至不惜傾家蕩產；或為女色而爭風吃醋，勾結惡友，聚集邪眾，製造桃色命案。如此暴露惡心劣行的人，多是一些不務正業遊手好閑之花花公子，當家產被揮霍一空時，便為達到目的不擇手段地用恐嚇、強迫、威脅、勒索等等手段來獲取財物尋歡作樂。他的所作所為給可憐的妻子帶來痛苦和屈辱。好色之人，有的甚至失去理智，不僅對外人行淫，連自己的至親眷屬也不放過，大行亂倫之事，使至親眷屬亦身受其害，這種人沒有半點禮義廉恥之心。

賞析與點評

《商君書》云：「民貧則弱，國富則淫；淫則有蝨，有蝨則弱。」在現實社會中，有些人富有後便不安分守己，男的金屋藏嬌，女的紅杏出牆，既污己名，又破壞家庭，進而擾亂正常的社會秩序。因此，不邪淫戒自然成了第三戒，它不僅是男女雙方的關係問題，對社會的安定也起着極其重要的穩定作用。本經因而將邪淫看成是人間第三惡事。

**〔妄語第四惡〕佛言：其四惡者，世間人民，不念修善。轉相教令，共為眾惡：兩舌[1]、惡口[2]、妄言[3]、綺語[4]。讒賊鬥亂[5]，憎嫉善人。敗壞賢明，於傍快喜[6]；不孝二親，輕慢師長；朋友無信，難得誠實。**

注釋

1 兩舌：指搬弄是非說離間他人感情的話。2 惡口：說粗惡、侮辱或咒詛他人的話。3 妄言：即妄語，說虛妄不實的假話騙人。4 綺語：花言巧語或說輕浮無禮、不正經的話。5 讒賊鬥亂：以讒言誣害他人，叫作「讒賊」；挑撥是非，使之相鬥，叫作「鬥亂」。6 於傍快喜：見人被挑撥離間而互相鬥爭，則於旁拍手稱快、幸災樂禍。

譯文

佛陀說道：世人的第四大惡，就是不懂得修善積德，表現在口業的四種惡行：兩舌、惡口、妄語、綺語。喜歡造作兩舌的人，因憎恨嫉妒善人，遂以讒言誣害別人，挑撥是非，引起爭鬥。見到人家被挑撥離間而互相爭鬥，則在旁邊拍手稱快、幸災樂禍；喜歡造作惡口的人，常以粗言惡語對待父母及輕慢師長和親友，出口傷人；喜歡造作妄言的人，對朋友言而無信，難得有一句誠實的話。

**尊貴自大，謂己有道。橫行威勢，侵易於人。不能自知，為惡無恥。自以強健[1]，欲人敬難。不畏天地、神明、日月，不肯作善，難可降化。自用偃蹇[2]，謂可常爾，無所憂懼，常懷憍慢。**

注釋

1 自以強健：自以為很了不起。2 自用偃蹇：「自用」即剛愎自用；「偃蹇」即驕傲。

譯文

喜歡講妄語騙人的人，往往妄自尊大，稱說自己已得道。他的妄語騙不了別人時，便會使用暴力脅迫他人聽從。這種人往往不了知自己的行為是多麼邪惡無恥，還自命不凡，以為自己強健有力。這種人要得到別人的尊重十分困難，他們對天地、神明、日月毫無敬畏之心，不肯作善，是屬於很難教化的一類人。這類人大都剛愎自用，驕傲自大。

## 賞析與點評

滿口謊言會使人與人之間互不信任；惡口傷人會增加社會衝突，致使社會不穩定。所以，本經將妄語看成是世間第四大惡事。在古代，妄語的散播僅在有限的範圍之中，受騙的人有限。而今，世人為了達到自私自利的目的，小到個人之間，大到國與國之間，彼此欺騙的現象十分普遍，借助於報紙、電話、電報、網絡等傳播工具，一句謊言可以遍及全世界，後果更加嚴重。

〔懈怠之相〕佛言：其五惡者，世間人民，徙倚懈惰，不肯作善，治身修業，家室眷屬，飢寒困苦。

〔嗔恚之相〕父母教誨，嗔目怒應。言令不和，違戾反逆。譬如怨家，不如無子。

〔貪欲之相〕取與無節[1]，眾共患厭。負恩違義，無有報償之心。貧窮困乏，不能復得。辜較縱奪，放恣遊散。串數唐得[2]，用自賑給。

〔放逸之相〕耽酒嗜美，飲食無度。肆心蕩逸，魯扈抵突[3]。

〔嫉妒之相〕不識人情，強欲抑制。見人有善，妒嫉惡之。

〔慳吝之相〕無義無禮，無所顧難。自用識當[4]，不可諫曉。六親眷屬，所資有無，不能憂念。不惟父母之恩，不存師友之義。

〔三業作惡〕心常念惡，口常言惡，身常行惡，曾無一善。

注釋

1 取與無節：沒有節制地揮霍。2 串數唐得：總是希望不勞而獲。3 魯扈抵突：「魯」是魯莽；「扈」是跋扈；「抵」是抵觸；「突」是衝突。4 自用識當：認為有錢留給自己享用，不給人家是理所當然。

譯文

佛陀說：世人的第五大惡，就是娑婆世界雖然眾苦充滿，甚可怖畏，可是世人出離的心懈怠懶惰，得過且過，不肯積極修善，不能修身治家，致使家人飢寒交迫。父母愛子心切，對之悉心教誨，然而不肖子不但不聽，反而怒目以對，頂撞對罵，忤逆不孝，好像冤家對頭，真是有子不如無子。

或有惡子，好吃懶做，將家中財物任意揮霍，令家道日衰，全家人都討厭他；或對父母忘恩負義，全無報答之心。由於不事生產，一旦將家產敗光，又得不到親友的幫助，在走投無路之下，只好偷盜搶劫，以滿足自己的需求。

整天沉溺在酒色之中，大吃大喝，沒有節制，縱情放蕩，專橫跋扈。

愚癡的人，不明白一個人的窮富貴賤各有前因，但他不想見到人家勝過自己，便到處欺負他人。或見人好心做善事，便起嫉妒憎惡的念頭。

有的人不講仁義道德，只知愛財如命，慳吝自私，完全沒有顧及家人的需要，認為有錢我自己享用，不給別人是理所當然。頑固不化，無法勸導。他不但對家人的日用所需全然不顧，就連父母之恩、師友之義，也完全不理。

又有的人，心常念惡，口常言惡，身常作惡，一生中未曾做過一件善事。

## 賞析與點評

諸法意先導，意主意造作。
若以染污意，或語或行業。
是則苦隨彼，如輪隨獸足。

——南傳《法句經》

一個人心中不善的意念具有強大的潛在力量，佛教稱之為「業力」，影響人們未來的行為，產生相應的惡果，痛苦便如影隨形，如車輪跟隨拉車之牛馬的足蹄。所以佛陀把邪念看成是第五惡。佛陀例舉了十一種邪念，前幾種（懈怠、嗔恚、貪欲、放逸、嫉妒、慳吝、三業作惡）是邪念的基本內容，佛陀還詳細分析了這些邪念產生的惡行必將產生相應的惡果。反之，一個人若能去除三毒、五惡，以正念指導我們的行動，內心清淨，「隨其心淨則佛土淨」。（T14.538c5-6）佛陀在本經中提醒世人，若能「一心制意，端身正念」，就一定能走上解脫之路。

**〔自作自受〕天地之間，五道分明。恢廓窈冥[1]，浩浩茫茫。善惡報應，禍福相承。身自當之，無誰代者。數[2]之自然，應其所行。殃咎追命，無得縱捨。善人行善，從樂入樂，從明入明；惡人行惡，從苦入苦，從冥入冥。誰能知者？獨佛知耳。教語開示，信用者少。生死不休，惡道不絕。如是世人，難可具盡。故有自然三途，無量苦惱，輾轉其中，世世累劫，無有出期，難得解脫，痛不可言！**

注釋　1 恢廓窈冥：形容佛性真心所緣起的一切法，其理深遠，廣大難知。2 數：指天數、天命，在佛法中叫「業報」。

譯文　天地之間有天道、人道、畜生道、餓鬼道、地獄道五道，清清楚楚，明明白白。這一切都唯心所造，其理深遠，廣大難知。有如是業因，必得如是果報，那是絲毫不爽的，作善得福，造惡得禍，因果相承，自作自受，沒有人可以替代。因果規律客觀存在，行善得善，行惡得惡，毫釐無差。所作善惡業，當因緣會遇時，就會發生苦樂的現象。若是造作惡業，禍患便如影隨形，無人能免。善人行善則從快樂走向快樂、從光明走向光明，樂上加樂；惡人行惡，從痛苦走向痛苦、從黑暗走向黑暗，苦上加苦。這些事情誰最清楚？唯有佛陀！可是世間眾生對於諸佛諄諄教誨，相信者很少，因而生死不斷、惡道不絕。這樣的人實在太多，一言難盡。所以自然就有三惡道。眾生在三惡道中輪迴，痛苦無量，生生世世，一劫又一劫，沒有出離之時，痛不堪言！

## 賞析與點評

據《維摩經》記載，佛陀得知維摩居士生病，讓舍利弗前往問候。舍利弗見到病狀全無的維摩居士時，調皮地問：「看來您病得不輕啊！還能忍受嗎？到底是何原因讓您病得如此之重?!」維摩居士的回答更妙：「從癡有愛，則我病生。以一切眾生病，是故我病；若一切眾生得不病者，則我病滅。」佛陀也是如此，以「無緣大慈，同體大悲」的精神，見眾生因貪嗔癡的病因導致今世、來生受苦的果報，心中十分難受，所以一再叮嚀世人，千萬不要作五惡，否則後果極為嚴重！

# 七、現土證誠

本節導讀——

就在佛陀講說《無量壽經》的同時，阿彌陀佛正在極樂世界關注講經盛況。在阿難的請求下，阿彌陀佛放大光明，與會大眾都親眼見到了極樂世界的莊嚴景象，證實佛陀所言不虛。佛陀特別提到有一類眾生，他們在念佛的過程中仍心存疑慮，甚至中途後悔退轉。這類人只能往生到邊地疑城，「以疑惑佛智故，生彼七寶宮殿，無有刑罰，乃至一念惡事，但於五百歲中，不見三寶，不得供養修諸善本，以此為苦。雖有餘樂，猶不樂彼處」。佛陀以此提醒世人，專心念佛，才能往生極樂國土。

佛告阿難：汝起，更整衣服，合掌恭敬，禮無量壽佛。十方國土，諸佛如來，常共稱揚，讚歎彼佛，無著無礙。

於是阿難起整衣服，正身西面，恭敬合掌，五體投地，禮無量壽佛。白言：世尊！願見彼佛安樂國土，及諸菩薩、聲聞大眾。

說是語已，即時無量壽佛放大光明，普照一切諸佛世界。金剛圍山、須彌山王[1]、大小諸山，一切所有，皆同一色。譬如劫水彌滿世界，其中萬物沉沒不現，滉瀁浩汗[2]，唯見大水。彼佛光明，亦復如是。聲聞、菩薩，一切光明，皆悉隱蔽；唯見佛光，明耀顯赫。

爾時阿難即見無量壽佛，威德巍巍，如須彌山王，高出一切諸世界上。相好光明，靡不照耀，此會四眾，一時悉見。彼見此土，亦復如是。

注釋

1 須彌山王：須彌山高出眾山，故稱須彌山王。2 滉瀁（粵：晃抑；普：huàng yǎng）浩汗：汪洋浩瀚，形容水勢浩大。

譯文

這時，佛陀告訴阿難：你趕快起來，將衣服整理好，恭敬合掌，禮拜無量壽佛。十方世界諸佛如來，常常共同讚揚無量壽佛沒有執著、沒有牽掛和障礙。

於是阿難尊者站起身來，整理好衣服，正面朝西，恭敬合掌，五體投地，禮拜無量壽佛，並對佛陀說：世尊！我想看到無量壽佛極樂世界以及那裏的菩薩、聲聞。話剛說完，無量壽佛立即身放光明，光照一切諸佛世界。金剛圍山、須彌山以及其他大小山陵，一切萬物，都被映成金色，世界一片金黃，就像水災劫時大水淹沒整個世界，萬物都沉沒不見，唯有洪水浩瀚無邊。無量壽佛無邊無際的光明也是這樣，其他所有的光明，聲聞之光、菩薩之光全部隱沒，唯見無量壽佛光明赫然照耀。

這時阿難看到，無量壽佛高大魁偉，巍然屹立，就像須彌山一樣，高出一切世界之上。而且，佛之容貌美好，全身放大光明，照耀世間一切萬物。所有這些，在座的出家、在家四眾弟子悉皆見到；而極樂世界一切眾生，也同樣看到這裏的一切。

**爾時，佛告阿難及慈氏菩薩：汝見彼國，從地已上，至淨居天[1]，其中所有，微妙嚴淨，自然之物，為悉見否？**

**阿難對曰：唯然，已見。**

**汝寧復聞無量壽佛大音[2]宣布一切世界化眾生否？**

**阿難對曰：唯然，已聞。**

**注釋** 1 **淨居天**：指五淨居天，即無煩、無熱、善見、善現、色究竟等諸天。2 **大音**：佛說法的音聲，普及十方，無處不聞。

**譯文** 這時，佛陀問阿難尊者及彌勒菩薩：極樂國從地面起，上至淨居天，其間一切萬物，窮微極妙，嚴淨光麗，你們都親眼見到了嗎？

阿難答道：是的，世尊！我們都親眼看見了，一切皆如佛陀所說。

佛陀又問：無量壽佛說法教化眾生的聲音，遍佈十方一切世界，你們都親耳聽到了嗎？

阿難答道：是的，都已聽到了。

## 賞析與點評

佛陀講完淨土法門後，仍擔心世人狐疑不信，讓阿難禮請阿彌陀佛現身，「無量壽佛，放大光明，普照一切諸佛世界……此會四眾，一時悉見」。與會大眾見到無量壽佛和極樂世界的種種勝景實況，與佛陀所說的一樣。也許有人會問：「我們地球上的人真能看到十萬億佛土之外的西方極樂世界嗎？」正像人們一直生活在空氣中而眼睛卻看不見空氣一樣，人們也看不見無處不在的電磁波。然而，它確實存在。從科學的角度來說，電磁波是能量的一種，凡是能夠釋出能量的物體，都會釋放出電磁波。阿彌陀佛身上放出的光明猶如電磁波，普通人無法感覺到它的存在。借助於儀器，我們可以聽到、看到或感覺到無線電波、微波、紅外線、紫外光、X射線和伽馬射線等不可見之「物」。同理，我們也可以借助聖者的加持力，感知西方極樂世界的存在。六祖惠能就是最好的例證，他在講法時以神通力使眾人「見到」了西方極樂世界，「若悟無生頓法，見西方只在剎那……惠能與諸人，移西方於剎那間，目前便見」。

**彼國人民，乘百千由旬七寶宮殿，無所障礙，遍至十方供養諸佛，汝復見否？**

**對曰：已見。**

**彼國人民，有胎生者，汝復見否？**

**對曰：已見。**

**其胎生者，所處宮殿，或百由旬，或五百由旬，各於其中受諸快樂，如忉利天，亦皆自然。**

譯文　佛陀接着又問：極樂世界的人民，乘着高百千由旬的七寶宮殿，毫無阻礙地暢遊十方世界，供養十方諸佛，這些你們也見到了嗎？

阿難回答：見到了。

世尊又問：極樂世界的人民，也有胎胞而生，你們見到了嗎？

阿難答道：見到了。

佛陀告訴阿難：這些胎胞而生的人，他們所住的宮殿，有的上百由旬，有的五百由旬。這些人住在宮殿中，各於其中享受種種快樂，有如忉利天人一樣自然。

**〔胎生之因〕爾時，慈氏菩薩白佛言：世尊！何因何緣，彼國人民，胎生化生？佛告慈氏：若有眾生，以疑惑心[1]修諸功德，願生彼國，不了佛智、不思議智[2]、不可稱智[3]、大乘廣智[4]、無等無倫最上勝智[5]，於此諸智，疑惑不信；然猶信罪福，修習善本，願生其國。此諸眾生，生彼宮殿，壽五百歲，常不見佛，不聞經法，不見菩薩、聲聞聖眾，是故於彼國土，謂之胎生。**

注釋

1 疑惑心：心存懷疑和迷惑。2 不思議智：佛智深妙，不可思議。3 不可稱智：佛智甚多，不是言語所能盡述。4 大乘廣智：佛智深廣，能夠窮盡一切法門。5 無等無倫

## 譯文

最上勝智：佛智至高無上，究竟圓滿，無與倫比。

這時，彌勒菩薩向佛陀請教說：世尊！極樂世界的人民，有的胎生、有的化生，這是為甚麼呢？佛告訴彌勒菩薩道：眾生愚癡，以疑惑的心來念佛，修諸功德，願生極樂，但不能了解佛圓滿的智慧、不可思議的智慧、無量無邊不可稱說的智慧、大乘廣大圓滿的智慧、無與倫比的最高最殊勝的智慧。對於這些大智慧，他們因無法了解而疑惑不信，但仍相信善惡因果，行善積德，所以修持念佛，積集善根，並發願往生極樂世界。這類眾生臨終時就會往生到上面所說的七寶宮殿中，五百歲間見不到諸佛，聽不到佛說的法，也見不到極樂世界的諸大菩薩。這類眾生往生到極樂世界，叫作胎生。

## 賞析與點評

不少宣揚淨土法門的人為了強調以至誠心念佛的重要性，主張心存疑慮的念佛人會往生到「邊地疑城」中去。該城雖是七寶宮殿，但胎生到這裏的眾生，五百年間不得見佛聞法，十分可惜。值得一提的是，經中明確提到往生到「邊地疑城」的條件是，「不了佛智、不思議智、不可稱智、大乘廣智、無等無倫最上勝智，於此諸智，疑惑不信；然猶信罪福，修習善本，願生其國」。換而言之，除了念佛信心不堅定外，對佛法了解的程度不深也是往生到該城的重要原因之一。

〔化生因果〕若有眾生，明信[1]佛智，乃至勝智[2]，作諸功德，信心迴向，此諸眾生於七寶華中，自然化生，跏趺而坐[3]。須臾之頃，身相光明，智慧功德如諸菩薩，具足成就。

注釋 1明信：明白和深信。2勝智：指不思議智、不可稱智、大乘廣智、無等無倫最上勝智。3跏趺而坐：盤腿而坐。

譯文 如果有人能夠明白和深信佛的智慧，乃至對上述所說的四種殊勝的智慧沒有絲毫的疑惑，並能誠心念佛，修行十善，作諸功德，迴向眾生，發願求生極樂世界。這一類眾生，命終之後，便能於極樂世界的七寶蓮花中，跏趺而坐，自然化生，不需要經過五百歲，就在須臾之間面觀彌陀，聞法授記，具足如佛之三十二相、八十隨形好，每一相好又具足無量光明。總之，他們跟其他往生極樂世界的菩薩所成就的智慧功德一模一樣。

〔化生勝於胎生〕復次，慈氏！他方諸大菩薩發心欲見無量壽佛，恭敬供養，及諸菩薩、聲聞聖眾。彼菩薩等，命終得生無量壽國，於七寶華中，自然化生。

彌勒當知：彼化生者，智慧勝故；其胎生者，皆無智慧。於五百歲中，常不見佛；不聞經法；不見菩薩、諸聲聞眾；無由供養於佛；不知菩薩法式；不得修習功德。當知此人，宿世之時，無有智慧，疑惑所致。

譯文

另外，彌勒啊！他方世界諸大菩薩，如果發心想要得見無量壽佛，恭敬供養無量壽佛以及極樂世界菩薩、聲聞等眾，只要他們一心念佛，發願求生，命終便能得生於極樂世界之七寶蓮花中，自然化生。

彌勒啊！你應當知道，這些大菩薩之所以能夠自然化生，那是因為他們有福有慧，對於佛智，心開意解，沒有半點的疑惑之故。而那些胎生之人，因為他們障深慧淺，沒有智慧，對於佛智，心有疑惑，所以胎生到邊地之七寶宮殿，五百歲中，如前所說，不見彌陀，不聞經法，不見聖眾，無法供養佛菩薩，不知菩薩之行，不得修習功德。為甚麼會這樣呢？皆因胎生的眾生前世沒有智慧，對佛所說的真理，疑多信少，所以得此惡果。

### 賞析與點評

自古以來念佛的人多而往生極樂者少。佛陀在此進一步說明其原因：「當知此人，宿世之時，無有智慧，疑惑所致」。由此可見，過去世缺少智慧，對佛法心要無法正確把握，因而才會往生到「邊地疑城」。有無智慧因而成為往生到西方極樂世界七寶蓮池中的關鍵因素，「彼化生者，智慧勝故；其胎生者，皆無智慧」。

〔疑惑之過〕佛告彌勒：譬如轉輪聖王，有七寶牢獄，種種莊嚴，張設床帳，懸諸繒蓋。若有諸小王子，得罪於王，輒內彼獄中，繫以金鎖。供給飯食、衣服、床蓐、華香、伎樂，如轉輪王，無所乏少。於意云何？此諸王子，寧樂彼處否？

對曰：不也，但種種方便，求諸大力[1]，欲自勉出。佛告彌勒：此諸眾生，亦復如是。以疑惑佛智故，生彼七寶宮殿，無有刑罰，乃至一念惡事，但於五百歲中，不見三寶，不得供養修諸善本，以此為苦。雖有餘樂，猶不樂彼處。

**注釋**

1 求諸大力：這裏是指求助於大善知識。

**譯文**

佛陀告訴彌勒菩薩：譬如轉輪聖王有一座由七寶造成的牢獄，裝飾得十分漂亮，並在裏面鋪床設帳，懸掛絲織寶蓋。如果有一些小王子犯罪，就囚禁其中，用金鎖把門鎖起來，但他們的衣服、飲食、花香、伎樂等等一切生活上的享受，完全與轉輪聖王一樣，你感覺如何？這些小王子會喜歡住在裏面嗎？

彌勒回答道：不會的，世尊！他們會想方設法，請求那些力量大的人救他們逃出這個七寶獄。佛告訴彌勒菩薩：往生到邊地疑城的眾生，就好像這些小王子一樣，以疑惑心，不了佛智，不信佛願和佛力，而生到極樂邊地之七寶宮殿中，有如小王子被關在七寶牢獄裏，雖然沒有刑罰的苦報，甚至沒有一念惡念，或做任何惡事，可是在五百年中見不到佛、法、僧三寶，不能供養諸佛增長善根，這才是真正的苦。所以他們雖有其他的種種物質享受，但卻不能樂在其中。

**賞析與點評**

有個人死後，在去地獄的路上經過一座金碧輝煌的宮殿。宮殿的主人請他留下來居住。宮殿中的生活是思衣得衣，思食得食，不需要工作，想睡多久就睡多久。這個人高興極了，以為自己身處天堂。可年復一年，吃了睡，睡了吃的生活令他感到無聊與空虛，於是懇請宮殿主人給他找一份工作。宮殿的主人答道：「對不起，我們這裏從來就不曾有過工作。」又過了相當長的一段時間，他實在忍不住了，向宮殿的主人哀求說：「這種日子我實在受不了。如果你不給我工作，我寧願下地獄！」宮殿的主人輕蔑地笑了：「你認為這裏是天堂嗎？」

住在七寶宮殿的胎生眾生也一樣，衣食無缺，百般享受，卻無法聽聞正法，百般無聊又無奈，「不見三寶，不得供養修諸善本，以此為苦」。

**〔斷惑見佛〕若此眾生，識其本罪，深自悔責，求離彼處，即得如意，往詣無量壽佛所，恭敬供養，亦得遍至無量無數諸餘佛所，修諸功德。彌勒當知：其有菩薩，生疑惑者，為失大利。是故應當明信諸佛無上智慧！**

譯文　這些往生到邊地的眾生，如果知道自己生在邊地是因為對佛的智慧疑惑不信的緣故，進而深深地懺悔和自責，至誠發願請求彌陀、聖眾慈悲哀憫，幫助他們及早離開這裏，他們便能往生極樂國土，在七寶池的蓮花中化生，見到無量壽佛，恭敬供養無量壽佛，也能前往十方世界，供養無量無數諸佛，修行種種功德。

彌勒啊！你應當知道，凡是發願求生淨土的菩薩，如果對佛智產生疑惑的話，那就失掉了在此生中不退成佛的絕大利益。因此，你們應當堅信諸佛所具有的智慧和能力啊！

賞析與點評

心若不安定，又不了正法。
信心不堅者，智慧不成就。
——南傳《法句經》

本偈頌説明信心與智慧的關係。沒有智慧的人煩惱多，心自然不安，難以了解法正；對正法不了解，信心又怎能生起?!若信心不足，就不可能專心修行，怎能有智慧?!佛陀因而提醒世人，修淨土法門應從懺悔業障入手，廣修供養，聽聞正法，產生智慧，對極樂淨土產生信心，才可往生到極樂淨土。

**〔菩薩往生〕彌勒菩薩白佛言：世尊！於此世界，有幾所不退菩薩，生彼佛**

國？

佛告彌勒：於此世界，有六十七億不退菩薩，往生彼國。一一菩薩，已曾供養無數諸佛，次如彌勒者也。諸小行菩薩[1]，及修習少功德者[2]，不可稱計，皆當往生。

注釋

1 小行菩薩：指十聖位的菩薩，或更低的十住、十行、十迴向三賢位的菩薩。2 修習少功德者：指十信位及凡夫菩薩。

譯文

彌勒菩薩請教世尊：世尊！我們這個世界會有多少不退轉菩薩往生極樂國？

佛告訴彌勒菩薩：娑婆世界有六十七億不退轉菩薩往生極樂世界。他們都曾供養過無數諸佛，福德智慧與你彌勒不相上下。至於那些修行功德較小的菩薩以及修習少功德的人都可以往生，其數多到不可計量。

〔十三佛國菩薩往生〕佛告彌勒：不但我剎，諸菩薩等，往生彼國，他方佛土亦復如是。

其第一佛，名曰遠照。彼有百八十億菩薩，皆當往生。

其第二佛，名曰寶藏。彼有九十億菩薩，皆當往生。
其第三佛，名曰無量音。彼有二百二十億菩薩，皆當往生。
其第四佛，名曰甘露味。彼有二百五十億菩薩，皆當往生。
其第五佛，名曰龍勝。彼有十四億菩薩，皆當往生。
其第六佛，名曰勝力。彼有萬四千菩薩，皆當往生。
其第七佛，名曰師子。彼有五百億菩薩，皆當往生。
其第八佛，名曰離垢光。彼有八十億菩薩，皆當往生。
其第九佛，名曰德首。彼有六十億菩薩，皆當往生。
其第十佛，名曰妙德山。彼有六十億菩薩，皆當往生。
其第十一佛，名曰人王。彼有十億菩薩，皆當往生。
其第十二佛，名曰無上華。彼有無數，不可稱計，諸菩薩眾，皆不退轉，智慧勇猛，已曾供養無量諸佛，於七日中，即能攝取百千億劫大士所修堅固之法[1]。斯等菩薩，皆當往生。
其第十三佛，名曰無畏。彼有七百九十億大菩薩眾，諸小菩薩及比丘等，不可稱計，皆當往生。

注釋

1 堅固之法：大菩薩所修的離相度生、無住生心的無漏功德法。

譯文

佛告訴彌勒菩薩：不僅娑婆世界的菩薩發願往生極樂世界，他方佛國也一樣有很多菩薩發願往生極樂國：

第一遠照佛，其國將有一百八十億菩薩往生極樂；

第二寶藏佛，其國將有九十億菩薩往生極樂；

第三無量音佛，其國將有二百二十億菩薩往生極樂；

第四甘露味佛，其國將有二百五十億菩薩往生極樂；

第五龍勝佛，其國將有十四億菩薩往生極樂；

第六勝力佛，其國將有一萬四千菩薩往生極樂；

第七師子佛，其國將有五百億菩薩往生極樂；

第八離垢光佛，其國將有八十億菩薩往生極樂；

第九德首佛，其國將有六十億菩薩往生極樂；

第十妙德山佛，其國將有六十億菩薩往生極樂；

第十一人王佛，其國將有十億菩薩往生極樂；

第十二無上華佛，其國有無量無數不退轉菩薩，智慧廣大，修行勇猛精進，他們都曾供養過無量諸佛，能在七日之中，攝取其他菩薩需要百千億劫時間才能修得的堅固功德法，這些菩薩也將往生極樂；

第十三無畏佛，其國將有七百九十億大菩薩以及無量無數的小菩薩和比丘往生極樂。

〔十方無量菩薩往生〕佛語彌勒：不但此十四佛國中，諸菩薩等當往生也；十方世界，無量佛國，其往生者，亦復如是，甚多無數。我但說十方諸佛名號，及菩薩、比丘生彼國者，晝夜一劫，尚未能盡，我今為汝略說之耳。

譯文

佛還告訴彌勒菩薩：不僅上述十四國的菩薩將會往生極樂國，十方世界無量佛國也是這樣，往生者不計其數。我僅列舉十方諸佛以及那些往生的菩薩和比丘的名號，夜以繼日，說上一劫的時間，也不能說完。我今天只是為你等略說而已。

〔叮嚀勸修〕佛告彌勒：其有得聞彼佛名號，歡喜踴躍，乃至一念。當知此人，為得大利。則是具足無上功德。是故，彌勒！設有大火，充滿三千大千世界，要當過此，聞是經法，歡喜信樂，受持讀誦，如說修行。所以者何？多有菩薩欲聞此經而不能得。若有眾生聞此經者，於無上道，終不退轉。是故應當專心信受，持誦說行。

〔勿復生疑〕吾今為諸眾生說此經法，令見無量壽佛及其國土，一切所有。所當為者，皆可求之。毋得以我滅度之後，復生疑惑。

譯文

佛囑咐彌勒菩薩及與會大眾：凡是聽到無量壽佛名號的人，無不歡喜雀躍，立刻就念佛，乃至只是一念，此人將能得到很大的利益，具足無與倫比之功德。所以，彌勒啊！即使三千大千世界到處烈火熊熊，你等也要赴湯蹈火，為法忘軀去聽聞這部彌足珍貴的《無量壽經》，並要以歡喜、深信、樂意的心來受持讀誦它，並且依照這部經法去修行。為甚麼呢？因為十方世界有很多菩薩很想聽聞此經，無奈因緣不足而不可得。如果有人聽到《無量壽經》，聽到無量壽佛名號，只要一入耳便永為道種，於最高無上的佛道上永不退轉。因此，你們應當一心一意相信、接受此經，持誦宣說此經，修行此經。

我今天為一切眾生宣說這部《無量壽經》，闡揚無比微妙之念佛法門，也令大家都親眼見到阿彌陀佛以及極樂世界的種種殊勝莊嚴。此後你們應當做的就是一心念佛，發願求生西方，絕對不可以因為我滅度了又對本經產生疑惑。

## 賞析與點評

佛陀在講經結束之前再一次強調，《無量壽經》義理深遠，功德巨大，有幸聽聞此經者，不應有疑惑之心，宜專心念佛求生極樂。同時，佛陀囑咐彌勒作大守護，令正法久住。

**當來之世[1]，經道滅盡，我以慈悲哀愍，特留此經，止住百歲。其有眾生，值斯經者隨意所願，皆可得度。**

**佛語彌勒：如來興世，難值難見。諸佛經道，難得難聞。菩薩勝法，諸波羅蜜，得聞亦難。遇善知識，聞法能行，此亦為難。若聞斯經，信樂受持，難中之難，無過此難！是故我法，如是作、如是說、如是教，應當信順，如法修行。**

## 注釋

1 當來之世：佛陀滅度以後，共有三個時期：一是正法時期，有一千年；二是像法時期，亦有一千年；三是末法時期，有一萬年。三個時期共有一萬兩千年，此後即進入無佛法時期。

將來末法時期過去，佛所說的一切經教將在這個世界上消失。到時，我因慈悲憐憫苦惱眾生，特留此經多住世百年不滅，以度有緣之人。到那時，誰若有緣遇到此經，又肯依教修行的話，就可以隨他意願往生到極樂國去。

佛陀告訴彌勒菩薩：如來出現於世，難遇難見；諸佛經法，難得聽聞；菩薩殊勝修行法門、六度萬行，也難得聽到；要在此世間遇到善知識並依教奉行，那就更難了；如果聽到這部經及其所說的念佛法門，能夠立刻深信和歡喜受持，那是難上加難。有以上五難的緣故，我特地為世人說《無量壽經》，教世人修行念佛之法。人人要如是作諸功德（念佛的功德最大），如是依佛所說（佛說念佛應與斷惡行善並重），如是依佛所教（佛教人要發菩提心，專念無量壽佛），並當隨順佛特地為末世眾生指出的修行大方向（即念佛求生西方）。若能如此依法修行，必生極樂，見佛成佛。

## 譯文

**爾時，世尊說此經法，無量眾生皆發無上正覺之心。萬二千那由他人，得清淨法眼[1]。二十二億諸天人民，得阿那含果[2]。八十萬比丘，漏盡意解[3]。四十億**

菩薩，得不退轉，以弘誓功德而自莊嚴。於將來世，當成正覺。

爾時，三千大千世界，六種震動。大光普照十方國土。百千音樂，自然而作。無量妙華，紛紛而降。

佛說經已，彌勒菩薩及十方來諸菩薩眾、長老阿難、諸大聲聞、一切大眾，聞佛所說，靡不歡喜。

注釋

1 清淨法眼：小乘初果須陀洹人，斷盡見惑，如夜見電光，即得見道，名「得清淨法眼」。2 阿那含果：阿那含，華譯「不來」，小乘第三果位名，斷盡見惑及欲界思惑，不再來欲界受生，故名「阿那含」。3 漏盡意解：指小乘四果阿羅漢，華譯「無生」，以其斷盡三界一切見思惑，故曰「漏盡」，具有三明六通八解脫，故曰「意解」。

譯文

世尊講完《無量壽經》，無數聞法眾生皆發上求佛道下化眾生成佛之大願。天上與人間有一萬二千億人得獲清淨法眼；二十二億天神和世人證得阿那含果；八十萬比丘斷盡見思惑，心開意解，證得阿羅漢果；四十億菩薩證得不退轉位。他們誓以自度度他的功德來莊嚴自己的法身慧命，於未來世，必定成佛。

這時，三千大千世界發出六種震動，巨大光明普照十方世界。與此同時，在虛空中有百千樂曲自然響起，無量無數的天花從天而降。

佛陀説完《無量壽經》，彌勒菩薩、阿難長老以及十方諸大菩薩、諸大阿羅漢及一切與會聽眾，無不歡喜讚歎，心甘情願地奉行。

## 賞析與點評

據説迦葉佛出世時，人壽二萬歲，世界進入劫濁階段。隨着眾生貪嗔癡等煩惱的增加，人的壽命每一百年減一歲，到佛陀時代，人的壽命已經減至一百歲。佛陀去世後，人的壽命每百年減一歲，減至五十二歲時，《首楞嚴經》、《般舟三昧經》開始消失；減至三十歲時，饑饉、疾疫、刀兵劫三災次第出現，眾生的苦難日益加劇，佛教經法逐漸消失。然而，佛陀慈悲，「經道滅盡，我以慈悲哀愍，特留此經，止住百歲」。當一切經教消失後，《無量壽經》仍會在世間傳播一百年。眾生只要聽到「阿彌陀佛」四字，就能得救。

# 附錄

# 參考資料

T——《大正新脩大藏經》
X——《卍新纂續藏經》
聖嚴：《無量壽經講要》

# 名句索引

## 《佛說阿彌陀經》



## 《佛說觀無量壽佛經》

是心作佛。是心是佛。　○九八

## 《佛說無量壽經》

### 二至四畫

人在世間，愛欲之中，獨生獨死，獨去獨來。當行至趣苦樂之地，身自當之，無有代者。　二八三

少欲知足，無染恚癡。三昧常寂，智慧無礙。　二三九

以佛遊步，佛吼而吼。扣法鼓、吹法螺、執法劍、建法幢、震法雷、曜法電、澍法雨、演法施。常以法音，覺諸世間。　一六五

心常念惡，口常言惡，身常行惡，曾無一善。　三一六

### 六至八畫

至心精進，求道不止，會當剋果，何願不得？　一八九

究竟一乘，至於彼岸。決斷疑網，慧由心出。　二六五

於一切萬物，而隨意自在。為諸庶類，作不請之友，荷負群生，為之重擔。受持如來甚深法藏。護佛種性，常使不絕。　一七五

## 十一畫



## 十二畫

## 十三畫及以上

新 視 野
中華經典文庫

新 視 野
中華經典文庫